MY
JOB
나의 직업

어쩌면 당신의 시선

CONTENTS

Part One

History

Part Two

Who & What

Part Three

Get a Job

Part Four

Reference

Part One

History

은행은 어떻게 생겨났을까?

화폐와 장사

아주 오래 전에 인류는 가족을 중심으로 무리를 지어서 살면서 다 같이 일을 하고 획득한 것을 공평하게 나누어 가졌다. 그러던 중 자신들이 구하기 어려운 물건은 다른 무리들로부터 구하게 되었고 그때 자신들이 가지고 있는 물건을 사용하였다. 스스로 자급자족이 어려운 물건은 물물교환으로 얻었다. 그러나 아무 물건이나 주고 자신이 원하는 물건을 얻을 수는 없는 것이다. 즉 상대방도 자신의 물건을 필요로 해야 비로소 교환이 이루어지는 것이다. 처음에는

경험적으로 특정 이웃마을에 가서 특정의 물건만을 바꾸어 왔지만 점점 필요한 물품이 많아지면서 일정한 장소에 모여 서로서로 물물교환을 하게 되었고, 그러한 장소가 바로 오늘날 시장으로 발전하게 된다.

그러나 시장에서 물물교환이 쉽게 이루어지질 않았다. 왜냐하면 서로 원하는 것이 달라서 그 욕구를 조정하기가 쉽지 않았기 때문이다. 예를 들면 고기를 가진 사람이 소금을 원하는 데 소금 가진 사람은 고기가 아닌 가죽을 얻고 싶은 것이다. 그래서 가죽을

가진 사람에게 물으니 그 사람은 채소를
원한다는 것이다. 결국 채소를 가지고 있으면서
고기를 원하는 사람이 나타나야지만 이들
사이의 물물교환이 이루어질 수 있는 것이다.
이처럼 물물교환은 제대로 이루어지기가 쉽지
않았다.

그래서 이러한 어려움을 겪으면서 사람들은
어떻게 하면 좀 더 쉽게 교환을 할 수 있을까를
고민하게 되고 그 결과 경험적 지혜가
점진적으로 만들어낸 것이 바로 시장에서
물물교환하려는 사람들의 교환의 기준이었다.
처음에는 누구에게나 소중한 쌀이나 소금 같은
물건이었으나 이 역시 보관하거나 가지고
다니기가 쉽지 않았다. 그래서 이러한 기준
물건이 점차 편리한 물건으로 바뀌게 되고 그
후 금이나 은이 그 역할을 했다. 이는 교환과
저장이라는 사회적 기능을 지닌 돈이라는

화폐제도를 탄생시켰고 화폐는 이후 금·은이
아닌 철의 단계를 거쳐 종이로, 지금은 전자
형태로 까지 진화하게 되었다.

이처럼 한 사회 내에서 물물교환은 돈이라는
제도를 만들어 냈는데 사회와 사회 사이의
물물교환은 또 다른 형태의 교환제도를 만들어
내게 된다. 바로 은행이라는 제도인데 그
시작은 이렇게 이루어진다.

거대 국가였던 로마의 멸망 이후 한동안
유럽은 무역이나 돈의 유통에 있어서 조용한
시간을 맞이하게 되었다. 그 당시 유럽은 각
나라가 여러 지역으로 나누어져 영주가
다스리고 있었는데 지역 내에서 영주의 통치를
중심으로 자급자족이 가능했기 때문에 다른
지역과의 물건을 교역하는 등의 활동은 그다지
많은 필요성을 가지지 못했다. 단지 순례자들과
떠돌이 상인들을 통한 교역이 있었을 뿐이었다.

그러다가 12세기에 들어서 부르주아가 등장하고 도시가 생겨나면서 상황은 달라지기 시작했다. 수공업으로 인해 여러 가지 물건들이 만들어지면서 이를 지역 간에 또는 나라 간에 사고파는 상업 활동이 대두되기 시작한 것이다.

그 무렵 지중해를 중심으로 한 지중해 문화권만 존재한다고 생각하며 그 너머의 지역에 대해서는 잘 모르던 유럽인들의 인식이 나침반의 등장으로 변화를 겪으면서 먼 나라까지 가서 교역을 하기 시작했다. 바로 동서교역이 이루어진 것이다.

이 동서교역에서는 특히 비단이 중요한 역할을 했다. 그 당시 유럽은 방직 기술이 조금씩 발달되고 있기는 하였으나 귀족들 사이에서는 동양에서 온 비단의 인기가 대단했다.

또 음식문화에서도 동양에서 온 후추와 같은 향신료는 금과 무게를 같이 재어 값을 매길 만큼 귀하게 여겨졌다. 이러한 물건들을 가져와 팔기 위해 사람들은 지역과 지역, 나라와 나라 사이의 물물교환 즉 무역에 뛰어들게 된 것이었다.

그러나 문제는 원거리 무역의 안정성이었다. 물건을 사서 싣고 오는 것 뿐만 아니라 비싼 금을 싣고 물건을 사러 가는 것도 위험한 일이었다. 왜냐하면 그들의 비싼 물건이나 황금을 노리는 도적들이 있었기 때문이다.

이러한 시대적 상황에서 이탈리아 피렌체의 옷감 제조업체는 심각한 고민에 빠졌다. 그들은 영국에서 양모를 사와 옷감을 만들어 팔았는데 문제는 원재료인 양모를 사오는 과정이었다. 그들은 양모를 사기 위해서는 바다를 가로지르거나 육상을 통하여 영국으로 가야 했는데 그 먼 길 동안 금과 은을 싣고 가는 위험을 계속 감수해야 했기 때문이었다.

　그래서 피렌체의 양모업자들은 금과 은을 운반하지 않고도 영국에 원자재 값을 지불할 수 있는 방법이 없을까 고민했다. 그리고 그에 걸맞는 방안을 찾아냈는데 그것은 바로 교황청에 십일조를 대신 내어주는 것이었다.

　당시는 로마 교황이 유럽을 지배하던 시대라서 모든 국가들처럼 영국도 로마 교황청에 세금으로 십일조 헌금을 내고 있었다. 십일조란 자신이 벌어들인 이윤의 1/10을 교황에게 바치는 것을 말한다. 피렌체의 상인들 입장에는 금과 은을 들고 영국으로 가는 것 보다 로마에 돈을 지불하는 것이 거리적으로 더욱 가깝기 때문에 양모 값을 편리하게 치를 수 있는 좋은 방법이었다. 즉 양모 값을 직접 지불하는 대신에 영국이 내어야 할 십일조를 피렌체에서 대신 납부하는 것으로 그 값을 치른 것이었다. 이것이 오늘날 은행이 하는 역할의 기원이 되었다.

　기원전 17세기에 기록된 바빌로니아의 함무라비 법전에서
제일 처음으로 세워진 은행을 발견할 수 있다. 이 법전에
등장하는 은행에는 재산을 맡겨둘 수 있었을 뿐만 아니라 그
재산을 운용하여 돈을 늘리는 것에 관련된 내용, 또 그에 따른
이자에 대한 규정도 정리되어 있다.

　그러나 영어로 은행을 의미하는 Bank의 뜻이 시작된 곳은 나라
간의 무역이 이루어지던 시대에서 부터였다.

　유럽에 교역이 흥행하면서 발생된 문제점은 각 지역마다
통용되는 화폐들 상호간에 값을 계산하는 것이었다. 즉 이 지역
화폐를 다른 지역 화폐와 교환할 때 어떻게 셈을 하느냐는
것이다. 말하자면 영국 돈으로 만원하는 것을 살 때 이탈리아
돈으로 얼마를 지불해야 하느냐는 것이다. 서로 다른 가치를
가지는 화폐를 정확하게 계산하는 일은 쉽지 않았다. 바로 이 때
등장한 사람들이 금을 다루는 장인들이었다. 그들은 각 나라의
다른 화폐가 가지는 가치들을 금의 가치를 기준으로 측정할 수
있는 사람들이었다.

　그들은 각 화폐의 성분과 중량을 바탕으로 가치를 매겼는데
A화폐의 금 함유량과 B화폐의 금 함유량을 비교하여 몇 대 몇의
비율로 교환하는지를 정하는 일을 하였다. 이들이 하는 일은 쉽게
말해 나라 간의 화폐를 교환해주는 환전 업무였던 셈이다. 우리가
해외로 여행을 떠나게 되면 공항 환전소에서 우리나라의 돈을
목적지 나라의 돈으로 바꾸는 것과 같은 환전 업무를 하는
것이었다.

　지금도 다양한 화폐가 있지만 당시에는 더욱 다양했다. 환전
상인들은 최소 10종의 화폐를 한꺼번에 환전할 줄 알아야 했다.
은행을 뜻하는 'Bank'의 어원은 이러한 환전 상인들이 앉아
있었던 야외의 의자 '벤치(Benchi)'를 뜻하는 이탈리아어
'방카(Banca)'에서 오게 된 것이다. 그들은 지금의 은행이 환전
수수료를 받는 것과 마찬가지로 무역상들 사이에서 물건 값에

함무라비 법전

**기원전 1754년경 제작된
것으로 이자부 담보 대출에
대한 내용이 기록되어 있다.**

맞는 계산을 하여 돈을 받아주는 일을 하며 서비스료를 받았다.

이들은 또한 환전 이외에 돈을 보관하는 일도 겸하였는데 당시 영국의 금 세공인들은 자신들의 귀금속을 보관하기 위한 튼튼한 금고를 가지고 있었다. 그러자 일반인들이 금 세공인들에게 찾아와 자신들의 귀중품을 거기에 좀 보관해달라는 부탁을 하게 되었고 그들은 맡은 금에 대하여 보관 수수료를 받고 보관 영수증(골드스미스노트 : Goldsmith note)을 발부해 주었다.

그런데 사람들은 맡겨놓은 금을 찾아서 물건 값을 지불하는 것이 아니고 이 영수증을 주면서 금고에 가서 금을 찾아가라고 하기 시작했다. 즉 사람들은 이 영수증을 지폐처럼 사용하게 되었던 것이다. 이렇게 금 세공인들의 금고는 오늘날 은행처럼 어음할인과 대출업무와 같은 일을 자연스럽게 취급하게 되었다.

은행은 이런 과정을 거쳐 필요에 따라 조금씩 발달하면서 나중에는 예금 업무도 관장하게 되고, 더 나아가 오늘날의 상업은행과 같은 면모를 갖추어 나갔다.

영국은행가협회(British Bankers Association)

영국은행가협회는 60여 개국의 300여 은행 및 금융 관련 기관이 가입하는 비영리 단체이다. 영국 은행업 발전을 위해 설립되었으며 은행 관련 산업을 위한 법규 제정과 국가 간 또는 은행 간의 효과적 업무가 이루어질 수 있도록 노력한다. 1919년에 최초로 세워졌으며 초기에는 정부에 은행 관련 업무를 원활히 할 수 있도록 영향력을 행사하기 위해 만들어졌다. 초창기에는 영국 내 은행만이 가능했으나 1972년부터는 그 외 나라의 은행도 가입이 가능해졌다. 은행의 이익관계를 대변하는 일 외에도 런던의 은행끼리 자금을 거래할 때 적용하는 금리인 리보 금리를 운영하고 있다. 리보 금리는 국제 금융시장에서 기준 금리이다.

〈은행 설립〉

은행을 설립하고자 할 때는 자본금이 1천억 원 이상이고 그
돈을 모으는 방식이 법에 적합하여야 한다. 지방은행의 경우
자본금은 250억 원 이상이면 된다.

주주를 구성하는 계획이 은행법에 위반되지 않고 대주주의
출자능력이 충분하며 재무상태가 건전하여야 한다. 뿐만 아니라
사회적으로 신용이 높을 때에만 설립이 가능하다.

〈은행의 의무〉

은행은 최저 자본금 유지의 의무를 지닌다. 은행법에 따라서
자본금을 계속 유지해야 하며 자본금이 감소되었을 때에는
신고를 해야 한다. 즉 은행의 주식 수를 줄이거나 금액을 낮추는
방법을 통해 자본금을 감소시키려 할 때에는 금융위원회에 미리
신고하여야 하는데 이는 은행 이용자의 권익이 침해받지 않게
하려는 법률적 안전장치이다.

⟨은행의 주요 업무⟩

　은행이 어떤 식으로 수익을 내는지를 알기 위해서는 우선
은행이 하는 업무들을 살펴볼 필요가 있다. 은행의 업무는 세
가지로 나눌 수 있다. 은행의 고유 업무와, 부수 업무 그리고 겸영
업무이다.

■ 고유 업무

은행이 하는 고유 업무는 돈을 저축하는 예금, 예금해 놓은 돈을
찾는 출금, 자신이 가지고 있는 돈을 다른 통장으로 전달하는
송금 업무이다. 이는 은행을 이용하는 고객들이 가장 보편적으로
하는 일이며 은행의 가장 기본 업무이다.
이외에 펀드, 청약 업무가 있는데 이는 기업의 주식이나 채권
등에 투자하고자 계좌를 개설하는 고객들을 위하여 상담하고
도와주는 일을 하는 것이다.
대출, 여신과 같은 업무는 고객이 은행으로부터 돈을 빌리고자 할
때, 신용을 확인하고 돈을 빌려주는 일을 말하며 그와 관련해
고객에게서 이자를 받는 등의 일을 의미한다.

■ 부수 업무

부수 업무에는 빌린 것을 되갚아야 하는 채무에 대해 보증을
서거나 어음을 인수하는 일이 포함된다. 어음이란 어음을 발행한
사람이 일정한 날짜에 일정한 금액을 지급하기로 약속한
유가증권인데 이러한 어음을 건네받는 일이 바로 어음 인수이다.
이는 발행된 어음에 대한 지급 이행을 보증하는 의미가 있다. 즉
어음에 적힌 금액의 지급에 대해 은행이 보증한다는 것으로
문제가 발생하면 은행이 대신 지급한다는 것이다. 그만큼 어음에
대한 신뢰성이 높아지는 것이다. 물론 이에 대해 은행은 당연히
수수료를 받는다.

이 외에도 기업의 판매대금채권을 매수하고 회수하는 일을
뜻하는 팩토링(factoring), 지방자치단체의 금고 대행,
전자상거래와 관련된 지급대행, 금융 관련 조사 및 연구 업무
등과 같은 부수업무도 하게 된다.

■ 겸영 업무
겸영 업무란 파생상품의 매매·중개 업무, 파생결합증권의
매매업무, 국채증권, 지방채증권 및 특수채증권의 모집·매출
주선업무, 유동화전문회사의 유동화자산 관리의 수탁업무 및
채권추심 업무의 수탁업무, 기업의 인수 및 합병의 중개·주선
또는 대리 업무 등이 있다.
파생상품이란 선물이나 옵션처럼 실물자산이 없이 정해진
기초자산을 대상으로 하여 그에 대한 가격의 변동을 예측하는
것으로 투자자들에 의하여 가격이 형성되는 상품을 말한다.
시장에서 돈을 주고 물건을 사는 것을 현물이라고 하며 선물은
미래의 물건을 미리 사는 것을 말한다. 쉽게 말해 과수원에
사과나무를 심었는데 아직 열매를 맺기 전에 주인에게 가서
사과가 열리면 그 모두를 100만원에 사겠다고 계약을 하는
것이다. 올해 사과가 풍년이 들지 아닐지는 모르기 때문에 잘
산건지 아닌지를 알 수는 없는 상태이다. 그 사과를 미리 사려는
사람과 파는 사람에 의해 선물 계약이 이루어지는 것이다. 이처럼
어떤 자산을 놓고 그 자산의 미래가치를 사람들이 예상하면서
하는 거래 품목을 파생상품이라고 한다.

■ 일반은행이 하는 그 외의 업무들
  1. 세금이나 공과금, 등록금을 수납하는 공과금 수납 업무
  2. 신용카드 관련 업무
  3. 지폐나 동전의 교환과 같은 화폐 교환 업무
  4. 귀중품을 보관해 주는 보관 업무

〈은행의 수익 종류〉

은행은 위와 같은 업무를 하면서 수익을 만들어낸다. 그렇다면 어떤 종류의 수익이 있을까?

■ 수수료

은행은 수수료를 통해 이윤을 추구한다. 대출을 통해 벌어들이는 이자와 이체 수수료가 은행의 이익이 되는 것이다. 고객이 은행에 4%의 이자를 받고 예금해 놓은 돈을 다시 10%의 이자를 받고서 기업이나 개인에게 빌려주는 것이다. 여기서 은행은 6%의 이자 수익을 얻게 된다.

■ 투자 수익

예금자의 돈을 모아 다른 곳에 투자를 하고 수익을 만드는 투자 수익 또한 은행이 만들어내는 이윤의 하나이다. 고객이 모은 돈을 모두 모으면 큰돈이 되고 이를 다른 곳에 투자한 뒤 만들어진 수익으로 고객에게 이자를 지급하고 그러고도 남은 돈을 은행의 이윤으로 남기는 것이다.

■ 외환업무 수수료

외환의 파생에 의한 이익도 은행이 만들어 낼 수 있는 수익이다. 환율 등의 움직임에 따라 가치가 변동되는 외환을 이용한 것이다. 그 외에도 기타 종금, 기타이익, 해외영업점 이익과 같은 것들도 은행이 만들어내는 수익이며 최근 들어서 은행은 투자 상품을 개발 등 이윤을 만들어내는 방법들을 다양화 시키고 있다.

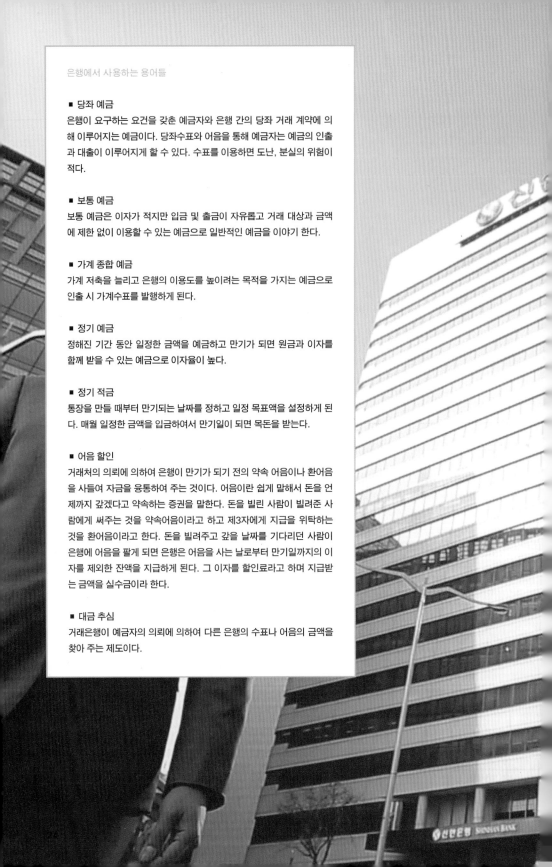

■ 당좌 예금

은행이 요구하는 요건을 갖춘 예금자와 은행 간의 당좌 거래 계약에 의해 이루어지는 예금이다. 당좌수표와 어음을 통해 예금자는 예금의 인출과 대출이 이루어지게 할 수 있다. 수표를 이용하면 도난, 분실의 위험이 적다.

■ 보통 예금

보통 예금은 이자가 적지만 입금 및 출금이 자유롭고 거래 대상과 금액에 제한 없이 이용할 수 있는 예금으로 일반적인 예금을 이야기 한다.

■ 가계 종합 예금

가계 저축을 늘리고 은행의 이용도를 높이려는 목적을 가지는 예금으로 인출 시 가계수표를 발행하게 된다.

■ 정기 예금

정해진 기간 동안 일정한 금액을 예금하고 만기가 되면 원금과 이자를 함께 받을 수 있는 예금으로 이자율이 높다.

■ 정기 적금

통장을 만들 때부터 만기되는 날짜를 정하고 일정 목표액을 설정하게 된다. 매월 일정한 금액을 입금하여서 만기일이 되면 목돈을 받는다.

■ 어음 할인

거래처의 의뢰에 의하여 은행이 만기가 되기 전의 약속 어음이나 환어음을 사들여 자금을 융통하여 주는 것이다. 어음이란 쉽게 말해서 돈을 언제까지 갚겠다고 약속하는 증권을 말한다. 돈을 빌린 사람이 빌려준 사람에게 써주는 것을 약속어음이라고 하고 제3자에게 지급을 위탁하는 것을 환어음이라고 한다. 돈을 빌려주고 갚을 날짜를 기다리던 사람이 은행에 어음을 팔게 되면 은행은 어음을 사는 날로부터 만기일까지의 이자를 제외한 잔액을 지급하게 된다. 그 이자를 할인료라고 하며 지급받는 금액을 실수금이라 한다.

■ 대금 추심

거래은행이 예금자의 의뢰에 의하여 다른 은행의 수표나 어음의 금액을 찾아 주는 제도이다.

한국의 은행은 언제부터 존재했을까? 조선시대에도 객주와
여각에서 금융업이 이루어졌다. 객주란 물건을 상인에게서
위탁받아 대신 팔아주는 일을 하는 중간 상인을 의미했으며
여각은 바닷가의 연안 포구에서 물건을 판매하고자 하는
상인들에게 숙박을 제공할 뿐만 아니라 많은 양의 화물을
보관하고 위탁하여 판매해 주는 일을 하는 사람들이었다.

이런 일을 하면서 객주와 여각은 돈을 맡아주고 빌려주는 일도
자연스럽게 부가적으로 하게 되고 나중에는 독자적으로 어음의
발행과 인수까지 병행하게 되었다.

농촌에는 '장리'라는 사채 형태의 대출도 이루어졌다. 가을에
거둬놓은 곡식을 겨우내 먹고 나면 보리가 여물기 전인 5~6월에
농민들이 겪는 고통이 바로 보릿고개였다. 이 시기를 견디기 위해
농민들은 집과 자신이 농사짓는 땅, 심지어 자식들까지 담보로
삼아 농사를 지을 수 있는 씨앗이나 곡식을 빌렸다.

어려운 상황이었기 때문에 비싼 이자를 지불해야 함에도
불구하고 농민들은 선택의 여지가 없었다. 그러나 높은 이자가
사회 문제를 일으키자 영조 때에는 이러한 폐단을 막기 위해
이자율을 법으로 정하기도 하였다.

'장리'는 지금의 사채 구조와 닮아 있으며 5일에 한 번씩
열리는 시장에서 돈을 빌려 다음번 장에 갚는 '시변'이라는
이름의 대출도 있었다. 지금의 시장에서도 쉽게 볼 수 있는
'월수'나 '일수'도 조선시대의 기록 속에 남아 있다.

근대적 의미의 금융제도는 강화도조약 이후에 일본이
조선에서 금을 가져가고 일본화폐를 조선에 유통시키려는
목적으로 도입된다.

1876년 우리나라와 일본 사이에 강화도 불평등 조약이
체결되면서 부산, 원산, 인천이 차례로 개방되었고 이를 틈타서
일본의 금융이 우리나라에 들어오게 된다. 1878년에 일본
제일은행이 부산에 지점을 세우면서 근대적 의미의 은행이

생기게 되는데 이 제일은행은 상업은행으로서 금을 일본으로 빼내가는 일과 일본 통화를 유통시키려는 숨겨진 목적을 지니고 있었다. 그래서 조선의 금을 대량으로 매수하는 한편 세관에서 수출입품에 매기는 세금을 취급했다. 청일전쟁 때에는 임시로 일본중앙금고파출소가 되어 금을 취급하는 기관으로 일하기도 하였다.

이러한 일본은행에 이어 영국과 러시아의 은행들도 우리나라에 들어와 영업을 시작했다.

이처럼 일본과 열강의 은행들이 조선에 끊임없이 진출하는 것을 보며 나라 내에서 조선의 자본으로 만들어진 민족은행 설립의 필요성이 대두되었다. 특히 조선 말기에는 화폐제도가 혼란을 갖게 되면서 근대적 은행의 역할이 더욱 시급해졌다. 갑오개혁 이후 개화파 정부는 조세를 현물에서 화폐로 대체하는 방안을 논의 하였으며 그를 위해서는 은행이 반드시 필요했다.

그러던 중 1897년에 민족 자본으로 만들어진 최초의 근대 은행인 한성은행이 설립되었다. 한성은행은 지금의 서울 종로구 안국동에 위치해 있었으며 초기에는 조세권을 가지고 활발한 업무를 하였지만 이러한 권한은 그 후 대한천일은행으로 넘어가면서 어려움을 겪게 되었다. 1899년에 세워진 대한천일은행은 많은 재력가들이 힘을 모아 일을 하려고 했지만 큰돈을 모을 수 없었고 결국 일본의 화폐 정리 사업으로 난관에 부딪혀 민족 은행으로서의 애당초의 취지가 무너지면서 결국 일본에 의지하게 된다.

한편 일본이 세운 제일은행은 대한제국의 국고 취급과 화폐정리 사업을 맡아 지폐를 발행하는 등의 은행권을 행사하였고 1905년 을사늑약을 통해 본격적인 화폐 정리 사업을

한성은행 / 1897년 설립

한국은행 / 1909년 설립

시행하였다. 그 결과 조선에서 통용되는 우리 화폐의 가치를
절반으로 떨어뜨려 우리나라 상인들에게 엄청난 손해와
어려움을 안겨 주었고 이러한 과정을 통해 제일은행은 마침내
조선의 중앙은행으로 등극할 수 있게 되었다.

　그 후 일제는 통감부를 설치하여 대한제국에는 일본 본토와
다른 화폐제도를 운영하기로 했다. 이에 일제는 제일은행이
발행한 지폐를 회수하고 1909년에 한국은행이란 새로운
중앙은행을 출범시켰다. 법적으로 한국은행은 한국 정부의
감독을 받는다고 되어 있었지만, 실제로는 일제의 지배를 받았다.
한국은행은 은행권 발행, 국고 관리, 국공채 매입 등의
중앙은행의 역할을 수행했다. 동시에 예금 및 대출 업무를
수행하는 일반 상업은행의 역할도 했다. 이후 1910년에
대한제국이 일제에 병탄되면서 한국은행은 조선은행으로 명칭을
바꾸며 새로운 시작을 하게 된다.

　또한 일제는 일본이 필요한 식량을 조선에서 조달하기 위하여
1920년부터 1930년까지 산미증산계획을 세우고 이에 필요한
자금 관리를 위하여 조선식산은행을 세우기도 하였다. 이 은행은
나중에 중국과의 중일전쟁을 위해 채권을 발행하고 강제로
저축을 하게 만들어 전쟁자금을 만들기도 하였다.

　8·15해방 이후 1950년에는 한국은행이 만들어져 한국 전쟁을
전후로 영업이 어려워진 은행을 합병하거나 정리하는 작업을
맡았으며 국가 기관에서 운영하는 관영 금융인 산업은행이
1954년에 설립되었다. 한국산업은행은 장기적인 계획 아래에

국가의 산업 개발에 필요한 자금을 관리하고 경제 복구를 목표로
세워진 것이다. 보다 이전에 세우려 하였으나 한국전쟁의 발발로
미뤄졌다. 그러다가 전쟁 끝난 후 다른 나라의 경제 원조를
관리할 금융기관 설립이 시급하였기 때문에 산업은행은 전후에
바로 세워지게 되었다.이후 1956년에는 농업 금융을 담당한
농업은행이, 1959년에는 민간 자본으로 서울은행이 설립되었다.
1962년에는 국민은행과 수산업협동조합이 설립되었고,
1967년에는 한국외환은행이 외국환 전문은행으로 설립되었다.
이는 당시 정부의 수출입국정책을 금융부문에서 지원해야
한다는 의견이 컸기 때문이었다. 1968년 (구)상업은행이
도쿄지점을 개설하면서 시중은행의 해외 영업이 시작되었다.

　1970년대에는 금융기관이 대형화되어, 1976년 서울은행과
한국신탁은행이 서울신탁은행으로 통합되었고 1995년에는
서울은행으로 이름이 바뀐다.

　1970년대에 국내 일반은행 수는 15개로, 5대 시중은행과
10개의 지방은행이 있었는데 정부의 경제개발추진과정에서
중화학공업 육성 등을 위한 정책금융 기능에 주력하고 있었다.

　1980년대 들어서는 은행의 경쟁력이 강화되고 중소기업 및
소외계층 지원 등에 목적을 두는 신규은행이 많이 설립되었다.
신한은행을 비롯하여 6개 은행이 신설되었으며, 하나와 보람
그리고 국민, 주택, 외환은행이 시중은행으로 바뀌게 되었다.
90년대 말에는 26개의 일반 은행이 국내에서 영업을 하였다.

　1997년에 있었던 IMF사태, 즉 외환위기를 맞이하면서 국내

은행산업은 급격한 구조변화를 겪게 되었다.
경영성과가 미흡한 은행은 감사조치,
구조조정조치가 이루어졌으며 은행 간의
합병도 지속적으로 이루어지게 되었다.
부실은행은 퇴출되었으며 몇 몇 개의 은행은
외국금융기관과 합작을 유도하기도 하였다.

2000년대에 들어서서는 은행의 대형화와
우량화가 시작되었다. 이전의 은행 간 합병이
경제 위기로 인한 것이었다면 당시의 은행
합병은 자발적인 것이었다. 즉
신한금융지주회사, 우리금융지주회사,
하나금융지주회사 등과 같은 식이었다. 그 결과
국내 일반은행은 2007년에 10개가 남아있게
되었다.

2007년부터는 중국에 진출해 있던 국내
은행이 중국 내에서 현지 법인으로 전환하여
본격적인 중국 영업을 시작하였다.

현재는 국내의 20개 은행이 해외 32개국에
진출하여 189개 해외점포를 운영하고 있는
실정이다.

최근에는 은행업계에 큰 변화가 일어났다.
2016년에 지점없는 인터넷전문은행인
케이뱅크와 카카오뱅크가 설립되었고,
2017년부터 본격적인 은행업무를 시작했다.
2021년에는 토스뱅크도 설립되면서
인터넷전문은행이 스마트폰의 보급에 힘입어
기존 은행보다 편리한 서비스를 바탕으로
가입자수를 늘려나가고 있다.

중앙은행은 어떤 일을 할까?

중앙은행은 그 나라의 통화체계를 건전하게 유지하며 신용 및 금융제도를 잘 운용하는 것이 임무이다. 그래서 나라의 경제 성장이 무리 없이 이루어질 수 있도록 환경을 만드는 일을 맡게 된다.

경제 성장을 위해서는 능력이 있는 기업에 자금을 빌려주어 무역을 활발하게 이루어지게 하는 것이 중요하다. 이러한 자금 조성을 위해 중앙은행은 국민들이 적절하게 소비를 하며 저축을 많이 할 수 있도록 장려하는 일을 하게 된다. 은행이 높은 신용을 유지하면서도 많은 자금을 기업에 빌려줄 수 있도록 조절하는 것이 중앙은행의 주요한 업무인 것이다. 또한 국내 물가를 안정시키면서 세계 시장에서 경쟁력을 갖출 수 있게끔 하는 것이 중요하다.

중앙은행의 또 다른 주요 업무는 국가의 대외적 안정을 유지하는 것이다. 즉 대외지급 준비자산을 마련하는 것을 의미하는데 이를 외환보유액이라고도 한다.

가정의 가계를 생각해 보면 저축되어 있는 돈이 많고 수입이 지출보다 많을수록 경제적으로 안정되어 있는 것과 마찬가지로 국가의 가계 또한 그러하다. 국민 전체가 소비하는 금액이 기업이 해외에서 벌어오는 돈보다 클 경우에 국가 경제는 어려움을 겪게 된다. 그렇기 때문에 정부는 될 수 있으면 많은 양의 물건들을 해외로 수출할 수 있는 정책을 펼치며 국민들이 필요한 자원들은 가능한 한 자급자족할 수 있도록 애쓰는 것이다.

국가 간에 이루어지는 대외 무역이나 혹은 정부 간에 지불해야 할 금액이 발생되었을 때 이를 해결하지 못한다면 세계 내에서 신용을 잃는 나라로 전락할 수밖에 없다. 이런 사태를 피하기 위해 국가는 항상 대외지급 준비자산을 보유하고 있어야만 하며 중앙은행이 이를 보관하는 것이 전통이다.

또한 국가가 벌어들인 외화는 축적하여 필요한 곳에 다시 사용될 수 있도록 하며 보유고를 늘리도록 애쓰는 일까지 한다.

은행의 예금지급준비금

정부는 금융기관의 안전성과 건전성을 위하여 일부 활동을 법률로 규제하고 있는데 내용에 따라 통화정책상의 규제, 자금배분 규제, 구조적 규제, 건전성 규제, 네트워크 규제, 소비자 및 투자자 보호 규제 등으로 대별된다. 예금지급준비금은 바로 이러한 규제 중 하나인 통화 정책적 규제이다. 한국은행법에 의하면 각 금융기관이 보유하여야 할 예금 종류 별 예금지급준비금의 최저율을 다음과 같이 규정하고 있다. 이 규정에 따라 금융기관은 최저예금지급준비금을 한국은행 당좌예금으로 예치하여야 한다.

■ 근로자 재산형성저축, 근로자 장기저축, 근로자 주택마련저축, 장기주택마련 저축, 가계장기저축, 근로자 우대저축에 대하여는 1.0%

■ 정기예금, 정기적금, 상호부금, 주택부금, 양도성 예금증서에 대하여는 2.0%

■ 기타 예금에 대하여는 5.0%

은행가(銀行家)는 영어로 'Banker'로 '은행을 경영하는 사람'이라는 의미로 쓰이고, 은행원(銀行員)은 'teller' 또는 'Bank clerk'으로 '은행 업무에 종사하는 직원'의 의미에 가깝다.

그러나 은행 특성상 각 지점의 '은행 지점장'은 은행 업무에 종사하는 직원임과 동시에 하나의 지점을 경영하는 은행가이다. 즉 은행원으로 입사하여 꾸준한 업무 향상과 근속으로 나중에는 은행가가 되는 것이 일반적이기에 여기서는 은행가와 은행원을 통칭하여 '은행원'으로 부르기로 한다.

은행은 다른 금융권과 비교해 볼 때 근무 연한이 오래될수록 급료가 오르고 지위가 상승하는 시스템으로 이루어져 있으며 내부 근무 경력을 중시하는 전통을 지니고 있다. 그래서 성과 중심으로 연봉이 달라지는 증권사와 보험사의 경우에는 이직률이 높은 편이지만 은행 직원들은 그와 반대의 모습을 보인다.

　우리나라는 급속한 경제발전에 힘입어 금융기관도 지속적인
성장을 보여주고 있다. 그래서 1980년 후반에는 은행의 수가
급격하게 늘어나 서로 간의 경쟁이 심화되기도 하였다. 하지만
1997년 외환위기로 인해 여러 기업에서 구조 조정이 이루어지게
되고 이에 따라 금융 환경 역시 거대한 소용돌이로 휩싸이게
되었다.

　그 후 이어지는 금융 환경의 급격한 변화는 기존의 은행
운영과는 다른 방식을 요구하게 되었으며 은행 간의 생존 전략도
치열해졌다. 더불어 은행에서 일하는 직원들도 회사 내의 경영
전략과 제도의 변화에 신속하게 적응하여야 하였기 때문에
기존의 은행 업무에서 탈피하여 전문인으로 거듭나고자
노력하였다.

　가장 큰 변화는 신용카드와 보험, 증권 상품을 판매하고
관리해야 하는 점이다. 업무의 구분이 명확했던 과거와는 달리
업무의 겸업이 이루어지게 된 것이다.

　이는 은행원들 역시 개인별 목표를 달성해야 하는 의무에
시달리게 되었음을 의미하며 이러한 경쟁 상황으로 인해 동료애
역시 사라지고 있다.

　은행원들은 다른 직업과는 달리 은행 영업시간 이후에도 늦은
밤까지 일을 끝내야만 하는 등 과중한 업무에 시달리고 있는
실정이다. 또 고객 중심의 상품을 일대일로 맞춰서 제안해야 하는
복잡한 과정의 어려움을 겪을 뿐만 아니라 고객과 가장
가까이에서 응대하는 일을 하고 있는 직군의 특성상 자신의
감정을 관리해야 하는 감정 노동도 하고 있는 것이다.

　정부는 기존에 나뉘어져 있던 금융시장 관련 법률을 통합하여
모든 금융투자회사가 대부분의 금융 상품을 판매할 수 있도록
하는 자본시장통합법을 제정하였다. 이는 은행원들이 고객에게
더 많은 금융 상품을 판매할 수 있기 때문에 이에 따르는 고용
증가가 예상되었다. 그러나 이러한 예측은 빗나갔으며 오히려

고용 감소가 예상되어 은행원의 전망을 어둡게 하고 있다. 이는 IT기술의 발달로 인해 은행의 실제적인 업무가 줄어들었기 때문이다. 인터넷 뱅킹과 모바일 뱅킹 사용자의 등장은 은행 텔러나 금융사무원의 일자리를 축소시키고 있는 것이다. 또 컴퓨터 기술의 지속적인 발달은 더욱 편리하고 새로운 시스템을 개발할 것이며 이는 일자리 감축으로 이어질 것으로 보기 때문이다.

감정노동

감정노동(Emotional Labor)이란 사람을 대하는 일을 할 때에 일의 성공을 위하여 상대방의 감정에 따라 자신의 감정을 조절하여 처리하는 노동을 말한다. 즉, 손님이 기분 나쁜 말을 하더라도 웃으면서 서비스를 해야 하는 것을 감정노동이라고 말하는데 좌절감이나 분노 등과 같은 심한 스트레스를 받게 되는 경우가 많다.

은행원에게 필요한 적성

　은행원은 돈을 다루는 업무의 특성상 수리 능력이 필요하며, 고객과 기업의 자금에 관련된 주요한 서류들을 다루기 때문에 신뢰감과 정직성이 필히 요구된다. 또 업무에 관련된 모든 기록을 남겨야 하기 때문에 세심하고 꼼꼼한 성격과 책임감 또한 은행원에게 꼭 필요하다.

　일반 고객들과의 접촉이 많기 때문에 좋은 대인관계와 의사소통 능력이 선호된다. 일반적으로 은행에서 업무를 보는 고객들은 자신을 응대하는 창구의 은행원을 통해 은행을 평가하게 되며 그러한 특징으로 인해 은행원은 침착하면서도 상냥한 태도로 일관성 있게 고객을 대할 수 있어야 한다.

　이러한 과정에서 인내심 또한 요구되어지는 것이다. 또 그러한 시간 동안 관련 상품을 홍보하고 판매하는 능력도 필요하다.

　은행원에게는 외모 또한 중요한 자질로 평가된다. 은행은 서비스업종이기 때문에 손님에게 호감과 편안함을 줄 수 있는 정도의 외모가 필요하기 때문이다. 너무 크거나 작은 키, 과도한 비만 등 불편함을 느끼게 하는 외모는 상대방에게 신뢰감을 주기 어렵다.

　큰 액수의 돈을 다루는 경우가 많기 때문에 이에 스트레스를 받지 않으면서도 사적 감정으로 돈을 취급하지 않고자 하는 직업윤리가 요구된다.

　그래서 옛날부터 은행원들은 정직하고 예의바르며 성실하고 용의주도한 사람으로서 사회적으로 높은 평가를 받아 왔다.

은행원 이미지 = 모범적인 사회인

수리력 + 신뢰 · 정직성 + 치밀성 + 책임감 + 원만한 대인관계 + 의사소통력 + 인내심 + 외모

　국내 은행원 규모는 2002년 11만8천650명에서 2013년
13만8천명까지 거의 매년 늘어나다가 2014년부터 감소추세로
돌아섰으며 2022년 기준으로 11만7천498명이 근무하고 있다.

■ 은행원 남녀 고용 비율
　은행에서는 공개 채용 시 보통 남녀 7:3의 성비로 채용하는
것으로 알려져 있다. 그러나 최근 들어 남녀 성비가 거의
비슷해지는 추세이다. 남녀 성비는 57%와 43%로 나타나고
있으나 실제는 저임금 직종에서는 여성비율이 높고(83%),
고임금 직종에는 남성이 많은 편이다.

〈국내 은행의 연간 이익〉

〈단위: 원〉

구분	2008년	2010년	2012년	2014년	2016년	2018년	2020년	2021년
국내은행	7.7조	9.3조	8.7조	6.9조	2.5조	15.7조	12.1조	16.8조
일반은행	6.2조	6.3조	6.9조	5.3조	6.5조	9.6조	8.7조	10조
특수은행	1.5조	3조	2.5조	1.6조	-4조	6.1조	3.4조	6.8조

*국내은행= 일반은행 + 특수은행

〈국내 은행 점포 수 변화〉

〈단위: 개〉

구분	2008년	2010년	2012년	2014년	2016년	2018년	2020년	2021년
시중은행	4,773	4,644	4,713	4,419	4,144	3,834	3,546	3,316
지방은행	850	874	949	970	969	935	892	835
인터넷 전문은행	-	-	-	-	-	2	2	3
특수은행	1,859	1,877	1,929	2,012	1,990	2,000	1,971	1,947
국내은행	7,482	7,361	7,680	7,401	7,103	6,771	6,411	6,101

*국내은행= 일반은행 + 특수은행 / *일반은행= 시중은행 + 지방은행 + 인터넷전문은행

〈국내 은행 직급별 직원 수 〉

〈단위: 명〉

은행명	임원		직원			합계
	등기임원	업무집행 책임자	일반직	무기계약직	비정규직원	
시중은행	46	164	58,189	2,148	4,636	65,183
지방은행	44	75	10,434	581	754	11,888
인터넷 전문은행	31	21	1,454	-	180	1,686
특수은행	40	59	29,763	4,361	3,188	37,411

*일반은행= 시중은행 + 지방은행 + 인터넷전문은행

Part Two

Who & What

은행의 종류

은행은 크게 일반은행과 특수은행으로 나뉜다. 자본금 1천억 원 이상을 가지고 은행법에 따라 설립된 모든 은행을 일반은행이라 하는데 이 은행법의 적용을 벗어나 특수한 목적을 위해 개별법에 의해 설립된 은행을 특수은행이라고 한다.

일반은행은 영업 활동 범위에 따라 시중은행과 지방은행으로 구분한다.

특수은행은 일반은행이 자금을 충분히 공급하지 못하는 부문에 대해 원활히 공급하고 그를 통해 일반 일반은행의 어려움을 메꾸어 주는 일을 하게 된다. 이는 균형적인 국민경제 발전을 위한 것으로 예금 수입에 의존하는 일반은행과는 달리 나라의 국고라고 할 수 있는 재정자금과 사업에 필요한 자금 마련을 위한 채권의 발행에 많은 부분을 의존하는 특징을 보인다.

한국에는 산업은행, 기업은행, 한국수출입은행, 농협, 수협 5개의 특수은행이 있다.

　　일반 은행이란 은행법에 맞게 설립된
금융기관으로 전국에 지점을 두고 활동하고
있는 시중은행과 지방도시를 거점으로
활동하는 지방은행이 있으며 외국에 본사가
있으면서 국내에 여러 지점을 갖는 외국은행
국내지점으로 나눠진다.
　　최근들어 IT 기술의 발달로 2017년부터
인터넷전문은행이 출범했으며, 현재
케이뱅크와 카카오뱅크, 토스뱅크가 있다.
인터넷전문은행은 지점이 거의 필요없기
때문에 은행의 역할을 온라인에서 하고 있으며,
기존의 시중은행과 지방은행의 지점을 우리
주변에서 흔히 볼 수 있다.

〈국내 일반은행 분류표〉

시중은행	국민은행, 신한은행, KEB하나은행, 우리은행, 한국씨티은행, Standard Chartered(구 제일은행)
지방은행	광주은행, 대구은행, 전북은행, 제주은행, BNK경남은행, BNK부산은행
인터넷전문은행	케이뱅크, 카카오뱅크, 토스뱅크

〈한국산업은행〉

■ 목적 : 국가 산업발전을 통한 국민경제의 균형적 성장을 위해 중요 산업들의 자금 공급

■ 주요 업무
 1. 대출 또는 어음의 할인
 2. 「자본시장과 금융투자업에 관한 법률」 제4조에 따른 증권의 응모·인수 및 투자. 다만, 주식의 인수는 한국산업은행의 납입자본금과 제43조제1항에 따른 적립금의 합계액의 2배를 초과하지 못한다.
 3. 채무의 보증 또는 인수
 4. 위의 일을 위한 자금 조달
   가. 예금·적금의 수입
   나. 산업금융채권, 그 밖의 증권 및 채무증서의 발행
   다. 정부, 한국은행, 그 밖의 금융기관 등으로부터의 차입. 다만, 정부로부터의 차입에 따른 한국산업은행의 채무는 그 변제의 순위를 한국산업은행이 업무상 부담하는 다른 채무에 대하여 후순위로 한다.
   라. 외국자본의 차입
 5. 내·외국환업무
 6. 정부·공공단체 또는 금융기관이나 그 밖의 사업체로부터 위탁을 받아 수행하는 특정 사업에 대한 경제적·기술적 타당성의 검토 및 계획·조사·분석·평가·지도·자문 등 용역의 제공
 7. 위에 규정한 일 이외에 설립 목적을 위한 일이나 또는 위의 일들에 부가되는 업무라고 금융위원회에서 승인 받은 업무

〈기업은행〉

■ 목적 : 자금 확충에 어려움을 겪는 중소기업의 신용을
확립하여 중소기업이 효과적으로 활동할 수 있도록 지원.
자본금은 10조 원

■ 주요 업무
 1. 중소기업자에 대한 자금의 대출과 어음의 할인
 2. 예금·적금의 수입 및 유가증권이나 그 밖의 채무증서의 발행
 3. 중소기업자의 주식의 응모·인수 및 사채(社債)의
  응모·인수·보증. 다만, 주식의 인수는 중소기업은행의
  납입자본금(納入資本金)을 초과하지 못하며 소유 주식 또는
  사채는 수시로 매각(賣却)할 수 있다.
 4. 내·외국환(內 · 外國換)과 보호예수(保護預受)
 5. 지급승낙(支給承諾)
 6. 국고대리점
 7. 정부·한국은행 및 그 밖의 금융기관으로부터의 자금
  차입(借入)
 8. 정부 및 공공단체의 위탁 업무
 9. 위에 규정한 일 이외에 설립 목적을 위한 일이나 또는 위의
  일들에 부가되는 업무라고 금융위원회에서 승인 받은 업무

〈농업협동조합〉

■ 목적 : 농업인의 자주적인 협동조직을 바탕으로 농업인의
경제적·사회적·문화적 지위를 향상시키고, 농업의 경쟁력 강화를
통하여 농업인의 삶의 질을 높이며, 국민경제의 균형 있는 발전에
이바지함을 목적

■ 주요 업무
  1. 교육·지원 사업
    가. 조합원이 생산한 농산물의 공동출하와 판매를 위한
    교육·지원
    나. 농업 생산의 증진과 경영능력의 향상을 위한 상담 및
    교육훈련
    다. 농업 및 농촌생활 관련 정보의 수집 및 제공
    라. 주거 및 생활환경 개선과 문화 향상을 위한 교육·지원
    마. 도시와의 교류 촉진을 위한 사업
    바. 신품종의 개발, 보급 및 농업기술의 확산을 위한
    시범포(示範圃), 육묘장(育苗場), 연구소의 운영
    사. 농촌 및 농업인의 정보화 지원
    아. 그 밖에 사업 수행과 관련한 교육 및 홍보
  2. 경제사업
    가. 조합원이 생산하는 농산물의 제조·가공·판매·수출 등의
    사업
    나. 조합원이 생산한 농산물의 유통 조절 및 비축사업
    다. 조합원의 사업과 생활에 필요한 물자의
    구입·제조·가공·공급 등의 사업
    라. 조합원의 사업이나 생활에 필요한 공동이용시설의 운영
    및 기자재의 임대사업
    마. 조합원의 노동력이나 농촌의 부존자원(賦存資源)을

활용한 가공사업·관광사업 등 농외소득(農外所得) 증대사업

3. 신용사업

　가. 조합원의 예금과 적금의 수입(受入)

　나. 조합원에게 필요한 자금의 대출

　다. 내국환

　라. 어음할인

　마. 국가·공공단체 및 금융기관의 업무 대리

　바. 조합원을 위한 유가증권·귀금속·중요물품의 보관 등
보호예수(保護預受) 업무

　사. 공과금, 관리비 등의 수납 및 지급대행

　아. 수입인지, 복권, 상품권의 판매대행

4. 복지후생사업

　가. 복지시설의 설치 및 관리

　나. 장제(葬祭)사업

　다. 의료지원사업

5. 다른 경제단체·사회단체 및 문화단체와의 교류·협력

6. 국가, 공공단체, 중앙회, 제134조의4에 따른 농협은행 또는
다른 조합이 위탁하는 사업

7. 다른 법령에서 지역농협의 사업으로 규정하는 사업

8. 위의 사업과 관련되는 부대사업 또는 그 밖에 설립 목적의
달성에 필요한 사업으로서 농림축산식품부장관의 승인을 받은
사업

〈수산업협동조합〉

■ 목적 : 어업인과 수산물가공업자의 자주적인 협동조직을 바탕으로 어업인과
수산물가공업자의 경제적·사회적·문화적 지위의 향상과 어업 및 수산물가공업의
경쟁력 강화를 도모함으로써 어업인과 수산물가공업자의 삶의 질을 높이고
국민경제의 균형 있는 발전에 이바지함을 목적

■ 주요 업무
　1. 교육·지원 사업
　　가. 수산종묘(水産種苗)의 생산 및 보급
　　나. 어장 개발 및 어장환경의 보전·개선
　　다. 어업질서 유지
　　라. 어업권과 어업피해 대책 및 보상 업무 추진
　　마. 어촌지도자 및 후계어업경영인 발굴·육성과 수산기술자 양성
　　바. 어업 생산의 증진과 경영 능력의 향상을 위한 상담 및 교육훈련
　　사. 생활환경 개선과 문화 향상을 위한 교육 및 지원과 시설의 설치·운영
　2. 경제사업
　　가. 구매사업
　　나. 보관·판매 및 검사 사업
　　다. 이용·제조 및 가공(수산물의 처리를 포함한다) 사업
　　라. 수산물 유통 조절 및 비축사업
　　마. 조합원의 사업 또는 생활에 필요한 공동시설의 운영 및 기자재의 임대사업
　3. 신용사업

가. 조합원의 예금 및 적금의 수납업무

나. 조합원에게 필요한 자금의 대출

다. 내국환

라. 어음 할인

마. 국가, 공공단체 및 금융기관 업무의 대리

바. 조합원의 유가증권·귀금속·중요물품의 보관 등 보호예수(保護預受) 업무

4. 공제사업

5. 후생복지사업

가. 사회·문화 복지시설의 설치·운영 및 관리

나. 장제사업(葬祭事業)

다. 의료지원사업

6. 운송사업

7. 어업통신사업

8. 국가, 공공단체, 중앙회 또는 다른 조합이 위탁하거나 보조하는 사업

9. 다른 경제단체·사회단체 및 문화단체와의 교류·협력

10. 다른 조합·중앙회 또는 다른 협동조합과의 공동사업 및 업무의 대리

11. 다른 법령에서 지구별수협의 사업으로 정하는 사업

12. 제1호부터 제11호까지의 사업에 관련된 대외무역

13. 차관사업(借款事業)

14. 제1호부터 제13호까지의 사업에 부대하는 사업

15. 그 밖에 지구별수협의 목적 달성에 필요한 사업으로서 중앙회의 회장의
승인을 받은 사업

이와 같은 특수은행의 역할은 시대에 따라 변모해왔다. 전쟁 후 일정 궤도에
오르기 전까지는 수출과 관련된 산업과 중화학공업에 대한 투자가 요구되었고
특수은행은 이를 돕는 일을 맡아하게 되었다. 그러나 20세기 후반에 이르러 기술의
개발과 첨단 산업이 발달되고 여기에 관심이 쏟아지게 되면서 지원하는 분야도
많이 달라지게 되었다. 이러한 특수은행들은 사회의 변화에 맞추어 해야 하는
업무뿐만 아니라 그 특수성도 계속 변화되고 있다.

⟨한국수출입은행⟩

■ 목적 : 수출입, 해외투자 및 해외자원개발 등 대외 경제협력에
필요한 금융을 제공. 자본금 15조 원

■ 주요 업무
　1. 수출 촉진 및 수출경쟁력 제고
　2. 국민경제에 중요한 수입
　3. 「중소기업기본법」 제2조에 따른 중소기업 및 「산업발전법」
　제10조의2에 따른 중견기업의 수출입과 해외진출
　4. 해외투자, 해외사업 및 해외자원개발의 활성화
　5. 정부가 업무위탁이 필요하다고 인정하는 업무
　6. 수출입은행은 위 각 분야에 따른 자금을 공급하기 위하여
　다음의 업무를 수행한다.
　- 대출 또는 어음의 할인
　- 「자본시장과 금융투자업에 관한 법률」 제4조에 따른 증권에
　대한 투자 및 보증
　- 채무의 보증
　- 정부, 한국은행, 그 밖의 금융기관으로부터의 차입
　- 외국자본의 차입
　- 수출입금융채권과 그 밖의 증권 및 채무증서의 발행
　- 외국환 업무
　- 정부가 위탁하는 업무
　- 그 밖에 각 분야에 따른 자금을 공급하기 위하여 필요하다고
　인정하여 기획재정부장관이 승인한 업무

한국은행은 한국의 중앙은행으로 금융거래를 가능하게끔
지원하고 보조해주는 독자적인 기관이다.

한국은행이 하는 가장 주요한 업무는 바로 화폐발행이다. 이
외에도 통화신용정책의 수립 및 집행을 맡고 국내의
금융시스템이 안정을 유지할 수 있게끔 돕는 일을 한다.
한국은행은 은행의 은행일 뿐만 아니라 정부의 은행이라 생각할
수 있으며 외화자산을 보유하고 운용하는 일과 국내 은행의 경영
상황을 분석하고 검사하는 일, 또 경제조사 및 통계작성 등의
업무를 맡고 있다.

금융통화위원회는 한국은행의 정책결정기구로서
통화신용정책 및 한국은행의 운영에 관한 주요 사항을
심의·의결하는 일을 맡는다.

한국은행을 대표하는 총재와 부총재, 한국은행의 업무를
감사하는 감사는 모두 대통령이 임명하게끔 되어 있다.
한국은행은 16개의 지역본부와 5국의 해외사무소를 가지고 있다.

한국은행 해외사무소

**뉴욕, 프랑크푸르트, 동경,
런던, 북경**

은행 창구 업무

　창구에서 일하는 경우, 그날 운용할 액수만큼의 돈을 지급 받고
확인한 다음 서랍에 넣어둔 후 일을 한다. 상위 감독자인 선임
은행원이나 간부에 의해 돈을 확인 받게 되며, 이 돈으로 그날
하루에 거래되는 출납 업무를 운용하게 된다.
　사람이 하는 일이기 때문에 금전적인 실수가 벌어지는 경우가
있는데 이때에는 문제를 발생시킨 은행원이 그 책임을 지게 된다.
책임을 질 수 없는 큰 액수의 경우에는 상부로 보고처리가 되며
이를 돕기 위해 은행 직원을 위한 대출이 따로 있을 정도라고
한다.
　창구에서는 저축 채권, 고객 어음, 특별 거래 예금 등을
처리하며 기록 유지, 고객 대출을 위한 서류 처리, 종류가

다양해지고 있는 예금 상품의 증서와 자금 시장 거래 업무 처리, 여행자 수표 판매 등의 일을 하게 된다.

수석 은행원은 다른 은행원의 작업을 감독하며 현금 자동 출납기의 운영 상태를 점검하며 은행 업무가 끝난 후에는 운용하고 남은 현금을 셈하고 대차대조표상에 운용된 금액을 기록 및 정산하며 수표와 예금 전표를 분류한다.

은행원은 은행 상품과 서비스에 대해 지속적으로 배워야 하며 은행 업무 절차상의 변화에 대해서도 교육받아야만 한다. 그리고 그들의 기술능력을 향상시키기 위한 훈련에도 많은 시간을 할애해야 한다.

우리가 일반적으로 은행에 가서 가장 많이 보게 되는 은행원들의 업무는 텔러 업무라고도 하는데 예금, 대출상담, 신용카드업무, 여신, 방카슈랑스, 외환 오퍼레이션 업무 등이다.

계약직과 정규직이 하는 일은 크게 다르지 않지만 정규직의 경우 더욱 전문화된 부분을 하게 된다. 최근 들어 업무가 다양화 되면서 고객들에게 일대일 맞춤서비스를 제공해야 하는 측면에서 기존의 은행 창구업무보다는 업무 강도가 높아진 편이다.

예금 업무

은행이 하는 일 중에서 가장 중요한 위치를 차지하고 있는 업무가 바로 예금과 관련한 일이다. 예금은 일반 국민이나 기업 또는 공공기관 등으로부터 위탁받은 돈을 말하는데 은행은 이 돈을 활용하여 여러 가지 일을 한다. 따라서 은행으로 볼 때는 가장 중요한 일이 아닐 수 없다.

그런데 고객이 은행에 돈을 맡길 때에는 보통 2가지 이유에서인데 하나는 지급의 편리성 또는 일시적인 보관을 위해서이고 또 하나는 이자를 받아 돈을 불리기 위한 예금이다.

일반적으로 전자와 같은 예금을 요구불 예금이라 하고 후자의 경우를 저축성 예금이라고 하는데 저축성 예금이 요구불 예금보다 훨씬 많다. 은행에서 받는 예금의 85% 이상이 저축성 예금이다.

요구불 예금의 경우에 일반적으로 이자를 주지 않는다.

■ 요구불 예금의 종류
당좌예금, 가계당좌예금, 보통예금, 별단예금, 공공예금

■ 저축성 예금의 종류
정기예금, 정기적금, 저축예금, 기업 자유예금, 근로자 우대예금, 장기 주택 마련 저축, 상호부금, 주택부금

요구불 예금과 저축성 예금의 구분은 기본적으로 예금한 돈을 얼마나 오랫동안 은행에 맡기는가, 즉 예금 거치기간을 기준으로 하였으나 요즈음에는 편리성과 저축성을 겸한 예금 상품이 나오면서 그 구분이 모호해지고 있다.

■ 당좌예금
일상적인 거래에 있어서 결제의 편리함을 위해 거래자가 은행과 당좌거래계약을 체결하고 당좌수표나 약속어음 등을 발행하면 은행이 돈을 지급하도록 하는 예금이다.

■ 가계당좌예금
일반 개인이 당좌거래를 할 수 있도록 한 예금으로 가계당좌예금 개설 자격은 은행이 결정한다.

■ 별단예금
환, 대출, 보관 등 은행이 업무를 처리하는 과정에서 생길 수 있는 미결제, 미정리 자금 또는 다른 예금으로 취급할 수 없는 자금 등과 같이 일시적으로 그냥 보관해 놓아야 하는 돈을 편의적으로 부르는 명칭인데 곧 다른 계좌로 들어가거나 지급될 예금이다.

■ 공공예금
은행이 지방자치단체와 금고사무취급계약을 맺고 재산세, 등록세, 주민세 등의 지방세와

수도료 등의 공공요금 수납대행 업무를 통하여
은행이 받는 돈을 말한다. 이 돈에 대해 은행이
지급하는 이자율은 일반적으로 보통예금의
이자율을 적용한다.

■ 상호부금
전통적인 계가 발전한 예금으로 일정한 기한
동안 부금을 납부하면 중도나 만기일에 약정한
금액을 돌려받는 것으로 정기적금과 같으나
중도에 급부가 가능하다는 점이 다르다.

■ 저축예금
가계저축의 증대를 도모하기 위한
가계우대저축의 하나로 수시로 입금과 출금이
가능한 결제성 예금이지만 이자가 지급되고
있다.

■ 양도성예금증서
양도성예금증서(CD: Certificates of Deposit)란
남에게 양도할 수 있는 정기예금으로 최저
발행단위가 1천만 원 이상이고 최단 만기가
30일 이상으로 제한된다.

　대출은 은행의 이윤을 만들어내는 중요한 업무로 개인이나
기업에 대한 신용평가를 통하여 돈을 빌려주는데 이때 평가된
상환 능력에 따라 담보 여부를 결정한다.

　빌리는 대상에 따라 기업자금 대출, 가계자금 대출 및 공공자금
대출 등으로 나누어 볼 수 있지만 방식에 따라서는 어음할인,
어음대출, 증서대출 및 당좌대출로 구분된다. 또한 대출 목적에
따라서 상업어음할인, 무역금융, 일반자금대출, 주택 관련 대출
등이 있다.

　일반 은행의 대출 상황을 살펴보면 빌리는 주체는 기업이나
가계가 서로 비슷한 수준인데 방식에 있어서는 어음대출이,
목적에 있어서는 일반자금대출이 압도적으로 많고 그 다음이
주택 관련 대출이 많다.

　특수은행에서도 대출업무가 이루어지는데 특수은행은 주로
지원을 하는 대상자 및 기관이 일반 은행과 많이 달랐다. 그러나
최근에 들어서는 가계를 대상으로 하는 대출상품이 증가하면서
일반은행과 크게 다르지 않아졌다.

　대출 및 여신관리 업무를 하게 되면 은행원은 대출을 위해
방문한 고객들을 면담하고 약관에 대해 설명하는 일을 하게 된다.
또 정해진 기준에 맞추어 대출 신청자들의 재무상태, 신원보증인,
신용 및 대출 상환능력을 조사하고 평가하는 일을 맡는다. 대출
신청을 승인하거나 거부 할 수 있는 권한을 가지고 있다면
제출되어진 신청서에 대한 승인 및 거부를 하는 일도 은행원의
몫이다. 타기관이나 다른 은행의 대출과 여신 관련 법규와 규정을
비교하며 자사의 신용 및 대출서비스를 홍보하고 판매하며
대출자들의 신용상태를 주기적으로 점검하고 원금과 이자를
수납하는 업무를 한다.

대출 방식의 종류

■ 어음할인

어음 만기일까지 기다릴 수 없는 상황에서 만기일까지의 이자를 제한 금액으로 은행에 파는 것을 말한다. 그러면 은행은 만기일에 어음의 액수만큼 돈을 지급받게 되며 기다린 시간만큼의 이자를 버는 셈이 된다.

■ 어음대출

은행이 약속어음을 받고 돈을 빌려주는 방식인데 기업에 대한 단기 운전자금을 대출할 때 많이 사용하는 방식이다.

■ 증서대출

약속어음 대신에 차용증서를 받고 대출해주는 방식으로 특약사항이 많은 것이 특징이며 상환 시까지 재 대출이 일어나지 않으며 가계대출이나 장기 시설자금 대출 등에 활용되는 방식이다.

■ 당좌대출

당좌계정 거래자와 은행 간의 약정에 의해 당좌대출한도 내에서 당좌예금 잔액을 초과하여 발행된 수표를 은행이 지급해 주는 식의 대출이다.

목적에 따른 대출 종류

■ 상업어음할인

기업의 단기운전자금 대출 방식으로 잘 이용되는데 상거래와 관련하여 발행된 어음을 은행이 만기일 전에 할인하여 매입함으로써 기업에 자금을 공급하는 제도이다.

■ 무역금융

무역금융은 수출입관련업체를 대상으로 수출 또는 수출을 위한 원자재나 완제품 공급에 소요되는 자금을 지원하는 대출로 수출 실적이 대출의 기준이 된다.

■ 일반자금대출

일반자금대출은 자금 용도에 대한 특별한 제약이 없는 대출을 총칭한다. 대출기간은 기업 운전자금과 가계자금의 경우 보통 1년 이내인데 비하여 기업시설자금은 통상 3~7년 정도 장기간 대출한다. 이 경우에 상황에 따라서 거치기간을 설정하기도 한다.

■ 주택 관련 대출

『근로자의 주거 안정과 목돈마련 지원에 관한 법률』에 의거 1988년 1월 1일 부터 신규 취급하게 된 주택 관련 대출로 근로자 주택마련저축 및 장기주택 마련 저축 가입자들에게 하는 대출이다.

■ 적금 관계 대출

적금 관계 대출은 적금을 넣고 있는 계약자에게 자금 융통 편의를 제공하기 위한 대출로 적금대출과 적금담보대출의 두 가지 종류가 있다.
적금대출은 정기적금계약을 체결하고 월부금을 일정기간(1/4회차 정도) 납입한 경우 적금계약금액 범위 내에서 대출하는 것이며, 적금담보대출은 납입액 범위 내에서 실시하는 대출이다.

투자 업무

은행의 투자와 관련된 일은 '은행원' 중 '전문 은행원'이 하거나
은행을 경영하는 관리자의 관점에서 수행해야 하는 업무이다.
은행은 고객이 예금해 놓은 돈을 다른 곳에 투자하여 이윤을
창출해야 한다. 그 이윤으로 고객들에게 이자도 지불하고 은행
직원들의 급여도 준다. 그렇기 때문에 은행권에서는 수익을
발생시킬 수 있는 새로운 수익원을 항상 발굴해야 하며 해외
시장으로까지 눈길을 돌려 살펴봐야한다. 이에 관련된 업무
영역이 IB(Investment Banking)라고 불리는 투자 업무이다.
지금까지는 주로 국내에서 찾았지만 앞으로는 해외로
확대해나갈 것으로 전망하고 있다.

은행에서 이러한 일을 맡는 부서가 투자금융팀, 국제금융팀,
자산유동화팀, 증권대행팀 등인데 구성원 개개인의 능력이 크게
좌우하는 분야이기 때문에 이 부서에는 전문 인력이 투입된다.
MBA 출신을 비롯하여 CFA(미국 재무분석사), CPA(공인회계사),
CIA(증권분석사) 등 전문자격증을 보유하고 있는 사람이 이
부서에서 일하거나 혹은 일반 기업금융 경험과 함께 수년간
프로젝트 파이낸싱 업무 경험을 보유한 전문가들의 조언을
받으며 일하게 된다.

은행에서 하는 이러한 투자 중에 유가증권 투자가 있는데 이는
국고채, 통화안정증권, 금융채, 지방채, 주식 등에 투자하여
수익을 얻는 것이다. 그러나 유가증권은 시장가치가 수시로
변화하는 위험한 자산이기에 은행의 위험을 막기 위하여 과도한
유가증권투자를 규제하고 있다.

　　은행인은 고등학교 졸업의 자격만 갖추고도 입사시험에
응시할 수 있는데 비해 근속연수는 다른 회사나 기관보다 긴
편이다. 남자 16.8년, 여자 11.6년으로 은행인들의 평균
근속연수는 일반 대기업, 제2금융권 회사보다 최대 3배 이상
길다.

　　은행 직원들은 타 직종에 비해 고액 연봉을 받으며 한 곳에서
이탈 없이 비교적 장기근속하는 것이 일반적인데 이는 근무
안정성이 높은 것을 의미한다. 국내의 주요 대기업 직원들의
근속연수가 10년 4개월 정도라고 하니 은행권의 직업적 안정성은
아주 높다고 할 수 있다.

　　또한 은행인들은 일을 하면서 쌓은 금융지식과 세무지식 등이

일반 사람들보다 훨씬 많기 때문에 자신의 자산을 늘리는 데에도
유용할 뿐만 아니라 퇴직 이후에도 노후를 위한 재산을 잘 관리할
수 있다는 점이 좋다.

　그런데 은행인들은 밖에서 보는 것처럼 점잖고 고상한 일만
하는 것이 아니다. 멋진 은행 사무실 안에서, 그것도 온갖
편의시설이 잘 갖추어진 곳에서 단정하게 하게 앉아 사무를
보니까 보기에는 참으로 편한 직업이구나 하고 생각할 수 있지만
은행인들은 고강도의 서비스 업무를 감당해야만 한다. 매일
창구에서 고객을 응대해야 하는 점은 고된 일이다. 다양한 유형의
고객이 있기 때문에 대인 서비스 기술을 익혀 자신의 감정을
조절해가면서 사람을 상대해야 하기에 쉽게 지칠 수 있다. 그런데
또 고객에게 일대일로 맞춤 상품을 제안해주기 위해서
지속적으로 은행 상품과 서비스에 대해 공부하여야 하고
은행권에 관련된 법안이나 정책 등을 교육받아야 하니
심리적으로 힘들 수도 있다.

　은행 창구 업무 또한 그리 복잡한 것이 아니다. 그래서 힘든
것은 아니지만 단순한 업무를 반복한다는 것은 자칫 업무

스트레스로 이어질 수 있고 업무에 대한 만족도를 떨어뜨릴 수 있다.

영업시간 이후 업무가 많은 것 또한 은행 업무의 단점이다. 은행 영업시간이 끝난 이후에도 일반적으로 업무가 이어지는데 업무 시간 동안 운용하고 남은 현금을 계산하고 기록해 놓은 표와 맞추어 보면서 정산하는 일을 하게 된다. 그러나 업무 시간이 완전히 끝난 후에 하는 것이 아니다. 보통 은행은 일반 기업이나 회사보다 일찍 창구업무를 종료한다. 즉 다른 기관에서는 열심히 일할 시간인 오후 4시에 벌써 은행문을 닫는 것이다. 그리고 정산작업을 하기 때문에 일과 후 작업이라고 할 수는 없다. 하지만 그 정산작업들이 늦게까지 이어지는 경우가 많아 일이 고달퍼지는 것이다.

하지만 괜찮은 근무환경에서 육체적으로 그다지 힘들지 않은 일에 종사하면서 안정적인 높은 수입을 보장받는다는 것은 다른 직업에서 찾아보기 힘든 장점이 아닐 수 없다.

04

은행 직급과 승진 체계

　각 은행마다 승진 제도는 다르다. 어떤 은행은 '계장 – 주임/
대리 – 과장 – 차장 – 부지점장 – 지점장 – 본부장'의 승진
구조를 갖는다. 신입사원은 계장이라 불리며 연차가 쌓이면 주임
또는 대리가 된다. 그 후 과장, 차장, 팀장급의 부지점장, 부장급의
지점장을 거쳐서 본부장이 되는 식이다.

　또는 사원/연구원 – 대리/연구원 – 과장/선임연구원 – 차장/
전문연구원 – 부장/책임연구원의 순으로 승진이 이루어지는
곳도 있다.

　시중은행들은 예전에 승진시험 제도를 실시했지만 지금은
전반적으로 폐지하려는 분위기이다. 대신에 은행원들의 근무
성적, 업적과 같은 평가를 객관적으로 반영하고자 하고 있다.

은행마다 새로운 승진제도를 고안하고 도입하는 실정인데 기존에는 승진 시험 기간이 되면 직원들이 휴가를 내고 시험공부를 하는 바람에 이로 인해 은행 업무에 적지 않은 차질이 발생하곤 했기 때문이다.

농협은 2015년부터 이러한 승진 고시를 폐지하고자 하였지만 직원들의 반발이 극심한 상황이었다. 시험을 통과하게 되면 4급 과장으로 승진할 수 있게 되고 상대평가로써 정해진 수의 사람만이 통과할 수 있게 되어있었다. 결국 1996년부터 이어온 승진 고시는 2018년을 끝으로 폐지되었다.

승진고시 대신에 승진자격시험인 이패스(e-pass) 제도가 시행되고있다. 기준 점수만 넘으면 통과하는 절대 평가의 시험이며 시험을 통과하면 5급 과장 승진 대상자가 된다. 이는 같은 급의 계장과 차별을 갖는 것으로 계장은 같은 5급이지만 과장으로 승진하는 대상자가 되지 않기 때문이다.

신한은행의 신입직원 직급 및 연차는 군필과 학력에 따라 차이를 갖는다. 대졸이면서 군미필일 경우에는 6급 5년차, 대졸이면서 군필일 경우에는 5급 2년차로 직급이 시작되며 대학원을 졸업하고 군필한 신입직원의 경우에는 5급 4년차로 시작하게 된다.

승진시험 이외에도 각 은행마다 직원들의 사기를 북돋아 주기 위해 서로 간의 경쟁을 유도한다. 2012년 NH 농협은행은 전 직원을 대상으로 경연대회를 진행하였는데 그 주제는 '나는 뱅커(banker)다'였다고 한다. 전문 금융인을 선정하는데 그 의미를 두고 총 상금 4억 원을 걸었던 경연대회에서는 4개월 간 신용카드 신규발급 회원 수, 신규 고객유치, 적립식 예금 계좌수 등 8개 항목의 실적을 평가했다. 이 평가 결과에 따라 우수 직원과 우수 영업점을 선정하여 시상하는 식이었다.

한편 능력이 뛰어난 직원을 대우해주겠다는 경영 이념이 반영된 경쟁도 있었다. 바로 국민은행이 만든 특별 포상제이다.

국민은행은 대출, 예금 유치 등을 통해 각 지점이 벌어들여야 할
영업이익을 할당해 주고 분기별로 평가를 한다. 그 영업 이익을
초과한 지점의 경우 초과이익의 3%를 지점에 보너스로 지급하는
식이다. 예를 들어 영업이익 목표액이 1억 원인데, 3개월 만에
2억을 벌었다면 1억의 3%인 300만원은 그 지점에 돌려주는
것이다. 한 지점 당 최고 1억을 보너스로 얻을 수 있는
시스템이다.

　판매 뿐만 아니라 상품 개발에도 이러한 직원 경쟁이
이루어진다. 외환은행은 대출에 관련된 상품 아이디어를
직원들에게서 공모하는데 은행의 이미지에 부합하는 기발한
상품 아이디어를 제안한 직원에게 상금과 표창, 진급에 유용한
가산점 등의 해택을 제공한다. 이는 외환은행의 특수성으로 인해
다른 시중 은행에 뒤처지고 있었던 개인금융을 강화하기 위한
하나의 방안으로 모색되었다.

〈신한은행 직급과 연차 예시〉

직급	6급	5급	4급	Ma	Mb	SM	본부장
연차	주임 (신입)	주임 (5년차까지) 대리 (6년차부터)	과장 (5년차까지) 차장 (6년차부터)	부부장, 부지점장	부장, 지점장, 팀장	부장, 지점장	

<2023년 국내 은행 임직원 현황>

<단위: 명>

은행명	임원	책임자 및 행원	합계
우리은행	24	13,672	13,696
SC제일은행	37	3,606	3,643
KEB하나은행	33	12,422	12,455
신한은행	31	13,909	13,940
한국씨티은행	18	1,827	1,845
국민은행	44	16,506	16,550
KDB산업은행	17	3,868	3,885
IBK기업은행	22	13,913	13,935
한국수출입은행	17	1,288	1,305
NH농협은행	24	16,162	16,186
수협은행	20	1,915	1,935
DGB대구은행	23	3,112	3,135
BNK부산은행	25	2,958	2,983
광주은행	24	1,603	1,627
제주은행	13	449	462
전북은행	23	1,180	1,203
BNK경남은행	24	2,229	2,253
케이뱅크	22	506	528
카카오뱅크	22	1,492	1,514
토스뱅크	14	443	457

〈연봉〉

각 은행마다 차별은 있지만 신입사원의 경우에는 초봉이 약
5,000만원이다. 연차가 쌓이면서 대리직의 경우에는 약
5,900만원이며 과장의 경우에는 약 6,500만원, 차장의 경우에는
약 6,700만원에서 8,700만원 사이로 연봉이 책정된다. 부장이
되면 1억이 넘는 연 수입을 얻게 된다. 2023년 국내 시중은행
임직원 평균 연봉은 약 1억 1000만원정도로 다른 직업군에 비해
많은 임금을 받고 있다고 할 수 있다.

남녀의 경우 평균 연봉의 차이가 큰 편으로 은행 남자직원의
평균 연봉은 약 1억 1000만원인데 반해 여직원의 경우에는
6,850만원으로 집계되었다. 은행권의 경우 남녀 간의 심각한
연봉 격차가 있는 것으로 보인다.

■ 시중은행 보너스
일반적으로 100% 수준으로 지급되나 해당 연도의 영업수준이나
이익에 따라 0%~1,000% 큰 폭의 차이를 보인다. 전반적으로
경기가 어려웠던 2013년의 경우 금융업계의 침체로 인해
대부분의 시중은행 보너스는 0%로 알려졌다.

〈시중은행의 퇴직금〉

퇴직금이란 회사를 그만두게 되는 사람들에게 근무했던
곳에서 지급하는 돈이다. 퇴직은 보통 정년의 나이가 되어 하는
경우가 많은데 이는 회사에서 그 나이가 되면 효율적으로 일을 할
수 없다고 생각하여 퇴사를 하게끔 규정을 만들어 놓기 때문이다.

퇴직금은 퇴직할 당시의 직급과 근속 연수에 따라 달라지며
30년 근속하였으며 임원일 경우에는 시중은행의 경우 4억을

전후하여 수령하는 것으로 알려져 있다.

이외에도 은행권에서는 희망퇴직제도라는 것이 있는데 이는 근로자 본인이 원해서 퇴직하거나 혹은 은행에서 인원 감축을 위해 근로자에게 직접 퇴직 의사를 묻고 해고하는 것을 뜻한다. 은행이 예전에 비해 점점 기업화 되면서 벌어지는 현상인데 효율적인 인력 관리를 위해 은행권도 점차 대기업과 마찬가지로 능력이 부족한 직원에게 퇴사를 권하는 시스템으로 변모하고 있음을 알 수 있다. 직원 입장에서도 정년까지 일할 수 있다는 보장이 없기 때문에 40대의 중, 후반에 접어들면 희망퇴직을 신청하기도 한다.

희망 퇴직금은 최근에 들어서 점점 늘어나고 있는 추세이다. 5년 전까지만 해도 대기업과 마찬가지로 24개월분의 급여를 퇴직금으로 지급하였으나 최근에는 34~36개월분의 급여를 희망퇴직금으로 지급하는 곳도 생겨났다. 또 희망퇴직을 할 경우 급여뿐만 아니라 자녀들의 학자금을 지급하며 같은 금융 계열사로 전직하고자 할 때에는 퇴직 후 2년간 취업을 보장해주는 특혜를 제공하기도 한다. 그 외에도 창업지원금을 제공하거나 건강검진비를 함께 지원하는 곳도 있다.

투자 분석가

■ 투자 분석가들은 기업의 전반적인 경영 상태를
분석하고 경제의 흐름을 살피면서 산업 별 동향을
분석하는 일을 한다. 그들은 이를 통하여 기관과
개인 투자자들에게 각 분야의 유망 기업을 선별하
고 그 기업에 대한 정보를 제공한다. 투자자들은
투자분석가의 조언과 정보를 통해 투자의 방향을
정하게 된다.
이들은 매일매일 신문과 인터넷, 주요한 정보처
를 통해 회사, 주식, 채권 및 기타 투자에 대한 정
보를 수집하며 기업의 경영, 재무여건, 성장가능
성 등을 분석하고 앞으로 미래 경제의 트렌드 등
을 예측하여 고객에게 제공하는 일을 한다.

■ 투자분석가는 수학적 마인드와 거시경제를 읽
을 수 있는 능력이 있어야 하며 세계 경제 시장과
증권시장 내의 변화를 예측하는 균형 감각이 필요
하다. 상대방을 설득하는 능력과 신뢰감 역시 필
수적이다.
많은 스트레스를 받는 직업이기 때문에 자신을 관
리하고 통제하는 능력도 요구된다.

■ 투자분석가가 되기 위해서는 4년제 대학에서
경영, 경제, 회계, 통계학과를 전공하는 것이 일반
적이다. 그 외에 국제경영 및 통상학과, 금융보험
과, 금융보험학과, 세무학과, 세무회계과를 전공
으로 하기도 한다. 일부에서는 석사 이상의 학위
를 요구하는 곳도 있으며 최근에는 이공계 출신들
도 늘어나고 있는 실정이다.

Part Three

Get a Job

　　고졸 은행원은 고등학교 졸업생만을 대상으로 하는 제도로 각
은행마다 매년 각기 다른 숫자의 은행원을 선발하고 있다.
수행직무는 텔러, 외환, 개인대출 등의 업무를 담당하게 되며
몇몇 은행의 경우에는 선 취업, 후 진학을 모토로 은행을
다니면서 학위도 받을 수 있는 과정을 마련하고 있다.
　　고졸 은행원에 응시할 수 있는 자격은 상업계 특성화고등학교
졸업(예정)자, 상업계열 특성화 학과를 운영하는 일반 고등학교
졸업(예정)자이며 특히 「장애인 고용촉진 및 직업 재활법」에 의한
장애인, "국가유공자등 예우 및 지원에 관한 법률"에 의한
취업보호대상자를 우대한다.
　　고졸 은행원을 뽑을 때에는 금융 관련 자격증 소지자를 역시

우대하는데, 펀드투자상담사, 은행텔러, 은행FP, AFPK 자격증이 포함된다. 고등학교 재학기간 중 장관급 이상 표창 수상자와 군 단위 이하 소재 고등학교 졸업(예정)자를 우대하는 은행도 있다.

전형절차는 보통 서류전형, 필기시험, 1차 면접, 2차 면접으로 진행되는 경우가 많으며 각 은행마다 응시 자격과 우대 사항이 다르기 때문에 확인해볼 필요가 있다. 2차 면접 통과자는 신체검사와 신원 조회 후 고졸 은행원으로 일하게 된다.

특성화 학과를 운영하는 일반 고등학교

경제의 흐름일반 고등학교에서 특성화반을 지원한 학생은 등교를 특성화 고등학교로 하고 그 곳에서 자신이 원하는 기술 공부를 하지만 소속은 일반 고등학교에 두게 되는 것이다.

이것을 허용하고 가능하게 해 주는 일반 고등학교가 바로 특성화학과를 운영하는 일반 고등학교이다.

- 강구정보고등학교
- 강경상업고등학교
- 거제여자상업고등학교
- 경기국제통상고등학교
- 경기모바일과학고등학교
- 경기물류고등학교
- 경기상업고등학교
- 경기여자상업고등학교
- 경남정보고등학교
- 경민비즈니스고등학교
- 경북비즈니스고등학교
- 경북여자상업고등학교
- 경산제일고등학교
- 경일관광경영고등학교
- 경주여자정보고등학교
- 경주정보고등학교
- 경화여자English Business 고등학교
- 계성여자상업고등학교
- 공주정보고등학교
- 광주여자상업고등학교
- 구미여자상업고등학교
- 구미정보고등학교
- 군산상일고등학교
- 군산여자상업고등학교
- 군포e비즈니스고등학교
- 근명고등학교
- 김해한일여자고등학교
- 나주상업고등학교
- 남해정보산업고등학교
- 논산여자상업고등학교
- 당진정보고등학교
- 덕영고등학교
- 대경생활과학고등학교
- 대구여자상업고등학교

- 대구제일여자상업고등학교
- 대동세무고등학교
- 대성여자상업고등학교
- 대전국제통상고등학교
- 대전대성여자고등학교
- 대전신일여자고등학교
- 대전여자상업고등학교
- 대천여자상업고등학교
- 덕암정보고등학교
- 도계전산정보고등학교
- 동해상업고등학교
- 매향여자정보고등학교
- 명인고등학교
- 목포성신고등학교
- 목포여자상업고등학교
- 밀성제일고등학교
- 벌교상업고등학교
- 병영상업고등학교
- 보은정보고등학교
- 부산마케팅고등학교
- 부산보건고등학교
- 부산세무고등학교
- 부산여자상업고등학교
- 부산정보고등학교
- 부산정보관광고등학교
- 부산진여자상업고등학교
- 부산컴퓨터과학고등학교
- 부여정보고등학교
- 부천정보산업고등학교
- 분당경영고등학교
- 분당아람고등학교
- 사천여자고등학교
- 삼일고등학교
- 서서울생활과학고등학교
- 서울금융고등학교

- 서울동구고등학교
- 서울매그넷고등학교
- 서울문화고등학교
- 서울여자상업고등학교
- 서천여자정보고등학교
- 선린인터넷고등학교
- 선명여자고등학교
- 성동글로벌경영고등학교
- 성보경영고등학교
- 성암국제무역고등학교
- 성일정보고등학교
- 세정고등학교
- 송원여자상업고등학교
- 순천청암고등학교
- 순천효산고등학교
- 신반정보고등학교
- 신일비즈니스고등학교
- 안산국제비즈니스고등학교
- 안산디자인문화고등학교
- 안양문화고등학교
- 여수정보과학고등학교
- 영동미래고등학교
- 영종국제물류고등학교
- 오산정보고등학교
- 완산여자고등학교
- 울산기술공업고등학교
- 울산상업고등학교
- 울산여자상업고등학교
- 이화여자대학교병설미디어
  고등학교
- 인천금융고등학교
- 인천세무고등학교
- 인천여자상업고등학교
- 인천중앙여자상업고등학교
- 일산국제컨벤션고등학교

- 일신여자상업고등학교
- 전남여자상업고등학교
- 전주상업정보고등학교
- 정선정보공업고등학교
- 제주여자상업고등학교
- 제천상업고등학교
- 진경여자고등학교
- 진성여자고등학교
- 진천상업고등학교
- 창의경영고등학교
- 천안상업고등학교
- 천안여자상업고등학교
- 청주여자상업고등학교
- 초계고등학교
- 충북비즈니스고등학교
- 충북산업과학고등학교
- 충북상업정보고등학교
- 충주상업고등학교
- 평촌경영고등학교
- 평해정보고등학교
- 하남경영고등학교
- 한국디지털미디어고등학교
- 한국문화영상고등학교
- 한림디자인고등학교
- 해성국제컨벤션고등학교
- 해운대관광고등학교
- 황지정보산업고등학교

선 취업, 후 진학제도(KDB 산업은행)

- KDB금융대학 : 사내대학

- 개설학과 : 금융학과(120명)

- 학위과정 : 4년(여름학기 포함 12학기) 학사학위 과정

- 입학자격 : KDB계열사 소속 고졸사원(KDB산업은행,
KDB대우증권, KDB생명, KDB캐피탈, KDB자산운용, KDB인프라)

- 수업방식 : 주 1일 및 월1회 일요일 출석수업과 타 대학의
교과목 원격수업 병행
- 전공과목 : 금융학과에 특화된 과목 위주로 개설(집합강의)
- 교양과목 : 한국방송통신대학교 및 한양사이버대학교
위탁(원격강의)

- 학 비 : 전액 회사 부담

- 학과소개 : 금융현장에서 필요로 하는 현장 맞춤형
실무전문가 양성을 목적으로 개설
- 제1캠퍼스 : 경기도 하남시 미사로 116, KDB금융대학교
- 제2캠퍼스 : 서울시 영등포구 은행로 14, 한국산업은행 본점

지원 자격

은행원이 되기 위해서는 보통 고등학교 졸업 이상의 학력을 필요로 하지만 대부분의 기업이 관행상 대학교 졸업 이상의 학력을 가진 사람을 채용하고 있다. 이전에 사무경험이 있는 경우에는 경력자로 입사할 수 있지만 대개의 경우는 신입사원으로 채용된다. 과거의 은행원 채용은 졸업시기를 전후로 하여 정규적으로 모집하였으나 최근에는 결원이 생길 경우 수시로 사무원을 채용하고 있으며, 인턴사원으로 채용하여 일정기간이 지난 후 정규사무원으로 채용하는 경우도 있다.

담당 업무에 따라 법학, 경제학, 경영학, 무역학, 회계학, 통계학 등의 기초이론을 이해하고 적용할 수 있는 능력이 필요하고, 컴퓨터조작능력은 필수요건이다. 은행원이 되기 위한 특별한 자격증은 없으나 일반학원을 통해 컴퓨터의 활용능력과 외국어를 습득해야 한다. 최근에 들어서는 전문 자격증을 취득한 은행원의 입사도 늘어나고 있다.

채용 일정

　한 해에 보통 상반기, 하반기로 나누어 상반기는 3월 중,
하반기는 9월 중에 채용공고가 난다. 그러나 채용 일시에 대한
것은 각 은행의 상황에 따라 다르며 채용이 없는 때도 있다.
　채용방식은 일반 기업들과 마찬가지로 진행된다. 서류전형을
통과하면 필기시험을 보게 되며 합격자에 한해 여러 차례에 걸친
면접시험을 치르게 된다.

〈국내 은행별 필기시험 과목〉

구분	은행	필기시험 과목
한국은행	한국은행	경제학, 경영학(회계학 포함), 법학, 통계학, 컴퓨터공학 中 택 1 / 논술시험
일반은행	국민은행	직업기초능력(NCS) + 경제시사
	신한은행	직업기초능력(NCS) + 금융상식
	우리은행	직업기초능력(NCS) + 일반상식
	KEB하나은행	직업기초능력(NCS) + 인성검사 + 디지털상식
	SC제일은행	직무상식(금융경제, 일반상식) + 적성검사
특수은행	한국수출입은행	직업기초능력(NCS) + 직무수행능력평가 (경영학, 경제학, 컴퓨터학 中 택 1)
	산업은행	직업기초능력(NCS) + 직무수행능력 (직무지식, 일반시사논술)
	농업협동조합	직업기초능력(NCS) + 직무상식평가 + 인적성
	수산업협동조합	직업기초능력(NCS) + 전공선택(경영, 경제, 법, 행정, IT)
	IBK기업은행	직업기초능력(NCS) + 직무수행능력평가 (경영, 경제, 금융, 시사 등)

*필기시험 과목은 변경될 수 있으므로 자세한 사항은 각 은행 채용 홈페이지에서 확인하기 바랍니다.

합격기준과 합격률

각 은행마다 시험이 조금씩 다르기 때문에
채용 공고를 보고 준비하는 것이 중요하다.
보통은 필기시험 합격자들이 2차, 3차에 걸쳐
시험을 치르게 된다. 그룹을 만들어 주제토론을
하거나, 주제 토론 후 개별 심층면접 등을 통해
인성과 커뮤니케이션 능력을 평가하는 식이다.

은행 업계의 입사 경쟁률은 그동안 매우
높았다. 2016년 우리은행의 하반기 공채에는
1만7,000명의 지원자가 몰렸다. 채용 규모는
200명으로 경쟁률이 85대 1에 달한다.
국민은행은 90대 1, 신한은행은 125대 1의
경쟁률을 기록했다. 2019년에 기업은행은
230명을 채용했는데, 이 때 지원자는
20,618명으로 경쟁이 94대 1이었다.

2021년까지만해도 평균 70~80대 1을
유지했는데 2022년부터 은행 입사 경쟁률은
조금 낮아지고 있는 추세다. 2023년 상반기에
170명을 모집했는데 지원자가 7,918명으로
47:1의 경쟁률을 기록했다.

2019년 한국은행(59명 채용, 2,358명 지원,
경쟁률 40:1), 산업은행(30명 채용, 1,802명 지원,
경쟁률 60:1) 등 공기업의 경우도 치열한 경쟁을
보였다. 2023년 산업은행은 115명 채용에
3,416명이 지원하면서 30:1의 경쟁률이었다.
최근 국책은행 경쟁률이 떨어지고 있는데,
시중은행에 비해 임금이 떨어진 것을 큰
요인으로 보고 있다.

펀드투자권유대행인

펀드투자권유대행인 자격증은 민간자격증으로
한국금융투자협회에서 시행하고 발급한다. 응시자격에는 제한이
없으며 시험에 관련된 사항은 다음 홈페이지를 방문하면 자세히
알 수 있다.

http://license.kofia.or.kr

펀드투자권유대행인 자격증은 2015년 폐지된 펀드투자상담사
자격증과 동일한 형태로서 증권사나 은행과 같이
금융투자회사에서 일할 경우 투자자에게 펀드 상품을
권유하거나 판매 또는 매매하기 위해서 꼭 갖추어야 하는
금융자격증이다. 2010년부터 증권·부동산·파생상품펀드투자
상담사 시험이 통합되어 펀드투자상담사 시험으로 치러졌으나

2015년부터는 펀드투자권유대행인 자격증과
펀드투자권유자문인력 자격증으로 나뉘어
시행되고 있다.
펀드투자권유자문인력 자격증은
투자자보호교육을 사전 이수한 금융회사
종사자만 응시할 수 있다.

　금융권 취직 시 가장 기본이 되는 자격증으로
여겨지고 있으며 2009년 법률개정으로
자격증을 취득한 후 5년 내에 금융투자회사에
취업한 후 금융투자협회에 등록하지 않으면
자격이 말소된다. 퇴직 후, 자격 등록이 말소된
지 5년이 지나면 다시 시험을 봐서 자격을
따야한다. 증권업 및 금융권 관련 입사 시험 시
필수 자격증이라고 볼 수 있으므로 가산점
혜택이 거의 없으나 한국주택금융공사 등의
회사에서는 가산점을 부여된다.

〈시험 정보〉

1. 응시자격 : 제한이 없음

2. 시험과목 및 문항 수
■ 제1과목 : 펀드 투자 (총 35문항)
 - 펀드·신탁의 이해
 - 투자관리
 - 펀드평가
■ 제2과목 : 투자 권유 (총 45문항)
 - 펀드 관련 법규
 - 영업실무
 - 직무윤리
 - 투자권유와 투자자분쟁예방
 - 투자권유 사례분석
■ 제3과목 : 부동산펀드 (총 20문항)
 - 부동산펀드 법규
 - 부동산펀드 영업실무

3. 시험 과목 면제
■ 종전의 증권펀드투자상담사(간접투자증권판매인력)의
자격요건을 갖춘 자는 제1과목, 제2과목 면제

4. 응시 과목 별 시험 시간 및 합격 기준
■ 응시과목별 정답비율이 40% 이상인 자 중에서, 응시한
과목의 전체 정답비율이 60% 이상이면 합격이다.

재무위험관리사

재무위험관리사는 민간자격증으로 한국금융투자협회에서
시험을 시행하고 자격증을 발급한다. 응시자격에는 제한이
없으며 자세한 사항은 홈페이지를 참조하면 된다.
http://license.kofia.or.kr

재무위험관리사는 금융투자상품에 관련된 재무위험 등을
측정하고 평가하여 회사가 얻을 수 있는 위험을 관리하고
통제하는 업무를 맡게 된다. 이는 위의 자격증과는 달리
필수자격이 아니기 때문에 금융투자전문인력으로 등록할 필요가
없다.

재무위험관리사 자격은 한국금융투자협회에서 주관하는
국내의 것과 미국에서 치르는 국제로 나누워진다. 2010년
금융투자전문인력 자격제도 개편에 의하여 자율화된 시험이지만
금융투자회사의 위험관리조직에서 일하는 사람들은 등록을
의무화되어 있으며 2년마다 1회 이상 보수교육을 받아야 한다.

재무위험관리사의 경우 업무상 필요한 필수자격이 아니라
자율자격시험이므로 취업 시 반드시 필요한 것은 아니다. 그러나
직장에서의 업무능력향상이나 승진 등에 유리하다. 증권업 및
금융권 관련 입사 시험 시 가산점을 인정하는 기업들이 있으나
국제 재무위험관리사가 대부분이다.

〈시험 정보〉

1. 응시자격 : 제한이 없다.

2. 시험과목 및 문항 수
- 제1과목 : 리스크관리기초(총 30문항)
  - 금융통계학
  - 채권분석
  - 규제 및 컴플라이언스
- 제2과목 : 금융선물 및 옵션(총 20문항)
  - 주가지수/개별주식 선물/옵션
  - 금리 선물/옵션
  - 통화 선물/옵션
- 제3과목 : 장외파생상품(총 15문항)
  - 스왑
  - 장외옵션
- 제4과목 : 리스크관리기법(총 35문항)
  - 시장리스크관리
  - 신용리스크관리
  - 기타리스크관리
  - 리스크관리 사례분석

3. 시험과목 면제
- 파생상품투자권유자문인력 시험 합격자에 대해서는
  금융선물 및 옵션 과목(제2과목) 면제

4. 합격기준
- 응시과목별 정답비율이 40% 이상인 자 중에서, 응시한
  과목의 전체 정답비율이 70% 이상을 득점하여야 한다.

투자자산운용사 자격증은 민간자격증으로
한국금융투자협회에서 주최하여 시험을 치르고 자격증을
발급한다. 자세한 사항은 홈페이지에서 확인할 수 있다.
　　투자자산운용사는 펀드매니저라고 부르기도 하며 고객
개개인에게 맞는 맞춤형 자산관리를 설계해주는 일을 한다.
투자자산운용사로 활동하기 위해서는 시험에 합격한 후
금융투자협회에 금융투자전문인력 또는 투자권유대행인으로
등록하여야 하며 자격증이 없는 사람은 증권회사나 혹은
금융기관의 창구에서 집합투자재산, 신탁재산 또는
투자일임재산에 관련된 업무를 맡을 수 없다.
　　자산관리업무를 수행하기 위해서는 반드시 취득해야 하는
자격증이다.
　　자격증을 취득한 후 5년 내에 금융투자회사에 취업한 후
금융투자협회에 등록하지 않으면 자격이 취소되며 그럴
경우에는 다시 시험을 봐서 자격을 따야한다. 한국주택금융공사,
지역농협 등의 회사에서는 입사 시 가산점을 부여하고 있다.

〈시험정보〉
　1. 응시자격 : 제한이 없다.

　2. 시험과목 및 문항 수
　■ 제1과목 : 금융상품 및 세제(총 20문항)
　　- 세제관련 법규/세무전략
　　- 금융상품
　　- 부동산관련 상품
　■ 제2과목 : 투자운용 및 전략Ⅱ 및 투자분석(총 30문항)
　　- 대안투자운용/투자전략
　　- 해외증권투자운용/투자전략
　　- 투자분석기법

   - 리스크관리

■ 제3과목 : 직무윤리 및 법규/투자운용 및 전략 I 등

(총 50문항)

   - 직무윤리

   - 자본시장과 금융투자업에 관한 법률

   - 금융위원회 규정

   - 한국 금융투자협회 규정

   - 주식투자운용/투자전략

   - 채권투자운용/투자전략

   - 파생상품투자운용/투자전략

   - 투자운용결과 분석

   - 거시경제

   - 분산투자기법

3. 시험과목면제

■ 종전의 일임투자자산운용사(금융자산관리사)의 자격요건을
갖춘 자는 제1, 3과목 면제

■ 종전의 집합투자자산운용사(운용전문인력)의 자격요건을
갖춘 자는 제2, 3과목 면제

4. 합격기준

■ 응시과목별 정답비율이 40% 이상인 자 중에서, 응시한
과목의 전체 정답비율이 70% 이상이면 합격한다.

금융투자분석사

　금융투자분석사는 민간 자격증으로 한국금융투자협회에서
시험을 주최하고 자격증을 발부한다. 응시자격에는 제한이
없으며 자세한 사항은 홈페이지를 참조하면 된다.
　금융투자분석사는 애널리스트라고도 불리는데
금융투자분석사로 활동하려면 시험에 합격한 후 금융투자협회에
금융투자전문인력으로 등록하여야 한다. 투자매매업 또는
투자중개업을 인가받은 금융투자회사에서 특정 금융투자 상품의
가치에 대해 예측하거나 그러한 자료들을 심사하고 승인하는
일을 맡게 된다.
　자격증을 취득한 후 5년 내에 금융투자회사에 취업한 후
금융투자협회에 등록하지 않으면 자격이 사라지며 자격 등록이
말소된 지 5년이 지나면 다시 시험을 봐서 자격을 따야한다.
보통의 증권회사에서는 증권분석사 자격증이 있을 경우
가산점을 부여하는데, 증권분석사를 따기 위해서는 먼저
금융투자분석사를 취득해야 한다.

〈시험정보〉
　1. 응시자격 : 제한이 없다.

　2. 시험과목 및 문항 수
　■ 제1과목 : 증권분석기초 (총 25문항)
　 - 계량분석
　 - 증권경제
　 - 기업금융, 포트폴리오 관리
　■ 제2과목 : 가치평가론 (총 35문항)
　 - 주식 평가 분석
　 - 채권 평가 분석
　 - 파생결합증권 평가 분석
　 - 파생상품 평가분석

- ■ 제3과목 : 재무분석론(총 20문항)
 - 재무제표론
 - 기업가치 평가 분석
- ■ 제4과목 : 증권법규 및 직무윤리(총 20문항)
 - 자본시장과 금융투자업에 관한 법률
 - 회사법
 - 금융위원회규정
 - 직무윤리

3. 시험 과목 면제
- ■ 2009년 2월 4일 이후 시행되는 증권투자상담사 시험
합격자에 대해서는 증권법규 및 직무윤리과목(제4과목)을
면제한다.

4. 합격기준
- ■ 응시과목별 정답비율이 40% 이상인 자 중에서, 응시한
과목의 전체 정답비율이 70% 이상이면 합격한다.

〈그 외 애널리스트가 되는 방법〉
- ■ 금융투자협회가 주관하는 금융투자분석사 시험에 합격하는
경우
- ■ 해외 금융투자회사에서 조사분석자료 작성업무에 1년 이상
종사했거나, 금융투자회사에서 조사분석자료 작성을 보조하는
업무(RA / 애널리스트 보조)에 1년 이상 종사한 경우
- ■ 경영학·경제학 등 증권 분야 석사 학위 이상의 학위를
소지하고 자율규제위원장이 인정하는 금융연구기관에서 2년
이상 근무한 경우
- ■ 자율규제위원장이 인정하는 금융투자교육원 교육과정
이수한 경우

■ 신용분석사

2001년 재정경제부(현 기획재정부)에 의해 국가공인 자격으로
승인 받았으며 자격검정시험은 한국금융연수원에서 주관하는
자격증 시험이다.

기업에 대한 회계 및 비회계자료를 통하여 종합적인
신용상황을 분석하고 신용등급을 결정하는 등 기업신용등급을
판단하는 금융전문가로 주로 은행권에서 여신 및 기업금융 관련
업무를 수행한다.

글로벌 금융위기를 통해 금융기관의 신용리스크 관리가
중요해짐에 따라 공인신용분석사 자격에 대한 수요가 높아질
것으로 예상되며, 특히 금융권 취업을 희망하는 대학생들의 경우
관심을 가져볼만하다.

■ 여신심사역

금융기관의 여신관련 부서에서 기업에 대한 여신심사 시
국내외 경제상황과 기업의 신용상황 및 사업성분석을 통해
대출실행 여부를 결정하고 그에 따른 대출이율 및 기간의 결정,
대손방지를 위한 제반 조치사항과 법률적 검토의견 등을 포함한
종합적인 심사업무를 담당하는 금융전문가이다.

■ 국제금융역

금융기관의 국제금융관련 부서에서 국제금융시장의 동향파악
및 분석, 예측 등을 통하여 외화자금의 효율적 조달과 운용업무를
담당하고 이에 따른 리스크관리 등 국제금융관련 업무를
수행하는 금융전문가이다.

■ 신용위험분석사

금융회사 및 기업신용평가기관 등에서 개인과 기업에 대한
신용상태를 조사·평가하고 신용위험을 측정·관리하는

여신전문가이다.

■ 외환전문역

국가공인 외환전문역 Ⅰ종, Ⅱ종이 있다. Ⅰ종은 외국환 법규 및 외환거래실무를 이해하고 외화 자산에 노출되는 각종 리스크를 최소화시키는 등의 주로 개인 자산에 관련된 직무를 담당하게 된다. Ⅱ종은 수출입업무 및 이와 관련된 국제무역 규칙을 이해하고 외환과 관련된 여신업무를 수행하는 등 주로 기업 외환과 관련된 일을 한다.

■ 은행텔러

창구에서 일어나는 일들에 대해 신속하게 업무를 수행하고 정확한 처리를 진행함으로써 고객에게 도움을 주고 문제해결을 이끄는 금융전문가이다.

■ AFPK (개인재무설계사)

재무설계업무에 대한 전문지식을 인증하는 자격증으로 이 시험을 주관하는 한국 FPSB에 등록된 기관에서 AFPK 교육과정을 먼저 수료해야 한다.

■ CFP (국제공인 재무설계사)

CFP는 자산관리 자격증의 꽃이라고 할 만큼 어렵지만 메리트가 큰 자격증이다. CFP를 따기 위해서는 AFPK(개인재무설계사)를 취득해야 한다.

금융에 관련된 지식은 주위에서도 쉽게 접할 수 있다. 뉴스를 통해서나 신문의 경제 섹션에서도 충분히 방대한 양의 정보를 얻는 것이 가능하다. 경제 관련 지식은 비단 이 분야만을 알아서는 부족하며 사회 현상이나 해외에서 벌어지는 일들과 연계해서 공부할 필요가 있다. 또 몇 달간 공부해서 얻어지는 것이 아니기 때문에 학업과 병행해서 틈틈이 지식을 쌓아두는 것이 중요하다.

특히 금융에 관련된 용어들은 우리가 일상적으로 경제생활을 할 때에도 꼭 필요한 것들이기 때문에 미리 공부해 두면 유용하게 쓸 수 있다. 아래는 금융기관에서 사용하는 단어들을 쉽게 이해할 수 있게끔 개념 정리를 해 둔 것이다. 이 단어들만 잘 이해하고 있어도 경제 분야의 신문이나 뉴스를 더욱 심도 있게 이해할 수 있을 것이라 생각된다.

■ 주식

쉽게 말해서 여러 명의 주인을 갖고 있는 회사를 주식회사라 말한다. 주식은 이러한 주식회사의 자본을 일정하게 쪼개놓은 금액의 단위이다. 주식의 수는 권리와 의무의 단위로 생각할 수 있는데, 즉 한 회사에서 발행되는 주식을 많이 가지고 있으면 있을수록 그 회사의 운영에 관한 권리와 의무가 커지는 것이다. 이는 그 회사 운영 자본을 그만큼 많이 투자했다는 것을 의미하기 때문이다.

이처럼 주식에는 금액으로써의 뜻과 주주의 회사에 대한 권리·의무의 단위인 주주권으로서의 뜻이 있다.

지분이라는 용어 역시 주식과 유사하게 여겨지지만 지분은 합명회사나 합자회사에서 사용되는 말이다. 주식은 한 사람이 능력껏 소유할 수 있는 데 반해 지분은 각 사람이 투자한 돈을 하나의 지분으로 센다는 점에서 차이가 생긴다. 주식을 줄여 '주'라고도 하며 주식의 소유자를 그 회사의 '주주'라고 한다.

■ 채권

　정부나 공공단체, 주식회사는 급작스럽게 거액의 자금이
필요한 경우가 많다. 이럴 때 그들은 거액의 채권을 발행하여서
일시적으로 일반인에게 판매한다. 쉽게 말해 채권이란 정부나
공공단체, 주식회사 등에서 발행하는 차용증서이며 그에 관한
유가증권을 뜻한다.

■ 국채

　중앙정부가 자금 조달을 위해 발행하는, 만기가 정해진
채무증서를 말한다. 국회 동의를 얻어 정부가 지급을
보증함으로써 채권 판매를 도와주는 채권을 특히 정부보증채라
한다. 국채·지방채는 민간 기업이 발행하는 회사채에 비해
수익률이 다소 떨어지지만 안전성이 보장된다.

■ 지방채

　지방자치단체에서 발행하는 채권이다. 지방자치단체가
지방재정의 건전한 운영과 공공의 목적을 위해 재정상의 필요에
따라 발행하는 공채이다. 발행기관은 특별시·광역시·도 등
광역자치단체와 시·군 등 기초자치단체이다. 법적 근거는
지방재정법에 규정되어 있다.
　보통 대규모 공공시설사업, 공영사업, 재해복구사업 등
지방재정 투자 수요에 대처하고, 각종 지역개발사업을
효율적으로 추진하기 위해 적정 규모로 발행한다. 발행 절차는

지방채 발행 한도액 범위 안에서는 지방의회의 의결을 얻으면
되며, 특별한 사유로 한도액을 초과하는 경우나 외채 발행 및
조합이 발행하는 경우 등에는 행정안전부장관의 승인을 얻어야
한다.

　국가가 발행하는 국채보다 발행 액수가 적고, 신용도 역시
국채보다 떨어지기 때문에 유동성도 낮은 편이다. 5년 만기
지역개발채권이 많고, 주로 보험회사와 은행권에서 소화하지만,
표면금리가 낮고 세후 수익률이 높아 개인투자가들도 많이
매입한다.

　종류는 일반회계채와 공기업채, 건설지방채와 비건설지방채,
정부자금채와 민간자금채, 증권발행채와 증서차입채, 영구공채
등이 있다. 대표적인 지방채로는 서울특별시·부산광역시
지하철공채, 지역개발채권, 도로공채, 상수도공채 등을 들 수
있다.

■ 특수채

　공공단체나 공적 기관 등 특별법에 의해 설립된 특별법인이
발행하는 채권이다. 한국토지공사·한국도로공사 등과 같이
특별법에 의해 설립된 특별법인이 특별법에 따라 자금조달을
목적으로 발행하는 채권을 말한다. 특별법에 의해 발행된다는
점에서 특정 금융기관이 장기융자를 위한 자금을 흡수할
목적으로 발행하는 채권인 금융채권도 크게는 특수채에
포함된다.

　정부가 원리금의 지급을 보증하는 정부보증채권으로, 공채와
사채(회사채)의 성격을 모두 가지고 있다. 회사채에 비해
안정성이 높고, 국채에 비해 수익성이 높다. 한국의 경우
대표적인 특수채로는
토지개발채권·한국가스공사채권·한국도로공사채권·한국전력공
사채권·한국수자원공사채권·기술개발금융채권·예금보험공사

채권·서울특별시지하철공사채권 등이 있다.

그 밖에 리스회사가 자금조달을 위해 발행하는 무보증 리스채, 신용카드회사가 발행하는 카드채, 벤처캐피털회사가 발행하는 캐피털채권·할부금융채권 등 여신전문 금융기관이 발행하는 채권도 특수채에 속한다.

■ 유가증권

재산으로써의 가치를 갖는 권리가 증명되는 증권이다. 화폐증권과 자본증권으로 나누어지며 화폐증권에는 큰 액수의 화폐를 유통하기 위해 발행하는 수표, 어음 등이 있다. 화폐증권의 사용은 큰 액수의 돈이 한 곳에 묶이면서 발생될 수 있는 불편함을 해소시켜 줄 뿐만 아니라 그러한 돈이 이동되면서 발생 가능한 위험을 예방할 수 있다.

자본증권에는 주식·공채·사채 등과 같이 개인의 재산과 그에 대한 권리 등을 나타내는 증권을 말한다. 일반적으로 유가증권이라고 말할 때에는 자본증권을 의미한다.

■ 어음

발행하는 사람이 일정한 금전의 지급을 약속하거나 또는 제3자에게 그 지급을 위탁하는 유가증권이다. 은행에 제출하면 현금으로 바꿀 수 있는 수표는 법률상의 형식으로는 환어음과 같은 지급위탁증권이지만 실제 생활에서는 지급하는 기능만 발휘하고 있기 때문에 어음법이 아닌 수표법으로 법률을 규정하고 있다.

■ 상호부금

일반 서민이나 큰 자금이 없는 영세한 상공인이 서로 도와서 사업이나 큰일에 필요한 목돈을 조성할 수 있도록 한 금융제도이다. 1962년 12월 7일, 법률 제1201호로 국민은행법이

제정됨에 따라 상호부금이 되었다.

　가입하는 사람들은 스스로 일정한 기간을 설정하고 꾸준하게
납입을 하면 은행은 그 중도나 또는 가입자가 정해놓은 기간이
만료되었을 때에 계약금액을 대출해 주는 것이다. 보통은
가입자가 정해놓은 기한의 3분의 1의 기간까지 지속적으로
부금을 넣으면 그 금액이 담보로 설정되어 대출이 가능하다.
신용도에 따라 일정 금액까지는 무담보로 신용대출도 가능하게
되어 있다.

■ 팩토링
　금융기관들이 기업으로부터 상업어음·외상매출증서 등
매출채권을 매입, 이를 바탕으로 자금을 빌려주는 제도. 기업들이
상거래 대가로 현금 대신 받은 매출채권을 신속히 현금화하여
기업활동을 돕자는 취지로 1920년대 미국에서 처음 도입됐다.
취급 금융기관은 산업은행·수출입은행·장기신용은행을 제외한
은행을 비롯하여 모든 금융기관이지만 주로 단자사들이
활발하게 취급하고 있다. 대출한도는 매입채권액면의 100%까지
가능하지만 해당 기업의 매출규모나 신용도에 따라 다소
낮아지기도 한다. 단자사들은 대출대상을 상업어음에만 국한시켜
왔으나 외상매출금·용역대·전공사미수금 등 확정채권,
물품납품이나 공사도급계약을 바탕으로 한 미확정채권, 할부나
연불판매에 따른 할부 채권 등으로 대상을 넓히고 있다. 1992년
12월 기업은행이 팩토링금융만을 전담하는 자회사를 세운 데
이어 일부 단자사들도 전문자회사 설립을 추진하고 있다.

■ 유동화전문회사

　금융기관의 부실채권·토지 등의 자산을 양도받아 이를 기초로
증권을 발행·판매할 목적으로 설립된 일시적 특수 목적회사이다.

　1998년 9월 16일 공포된 '자산유동화에 관한 법률'에 따르면,
금융기관·성업공사(지금의 한국자산관리공사) 등이 보유하고 있는
채권·토지 등의 자산을 조기에 현금화해 자금조달을 원활하게
함으로써 금융기관의 재무구조를 튼튼히 하는 한편,
주택저당채권을 증권화해 주택금융기반을 확충할 목적으로
금융기관 등으로부터 자산을 양도받아 이를 기초로 증권을
발행·판매할 수 있도록 하는 일시적인 특수 목적회사의 설립을
규정하고 있는데, 이 회사가 바로 유동화전문회사이다.

　즉 금융기관에서 발생한 부실채권을 매각하기 위해 설립된
회사로, 자산유동화 업무를 행하기 위해서는 미리
금융감독위원회에 등록해야 하고, 자산유동화계획에 따라
금융기관 등으로부터 자산을 양도받았을 경우에도 지체 없이 그
사실을 금융감독위원회에 등록해야 한다.

　유동화자산의 양수·양도·관리·운용·처분, 유동화증권의
발행·상환, 자산유동화계획의 수행에 필요한 계약의 체결,
여유자금 투자 등의 업무를 수행한다. 그러나 상법상
유한회사이기 때문에 영업소를 설치할 수 없고, 또 직원을 고용할
수 없는 서류상의 회사이기 때문에 유동화자산의 관리·운용
·처분에 관한 업무는 자산 관리자에게, 그 밖의 업무는 자산
보유자 또는 제3자에게 위탁해야 한다. 이들은 금융기관 등의
부실채권을 매각하기 위해 자산담보부채권(ABS)을 발행하는 등
다양한 방법을 동원해 기관 및 일반투자자들에게 판매하고,
투자자들은 만기 때까지 채권에 표시된 금리만큼의 이자를 받고,
만기가 되면 원금을 돌려받는다. 유동화전문회사는 이 과정에서
자산 관리나 매각 등을 통해 투자 원리금을 상환하기 위한 자금을
마련하고, 이 작업이 끝나면 자동 해산된다.

■ 채권추심

채권자로부터 채무자가 갚지 않은 빚을 넘겨받아 대신
받아내는 것을 말하는데 채권자의 위임을 받은 채권추심업체는
일정비율의 수수료를 받는다. 채권추심업체는 일정 자격 요건을
갖추고 재정경제부의 인가를 받아야 한다.

■ 기업의 인수 및 합병

M&A는 합병(Merger)과 인수(Acquisition)가 합성된 용어로서
경영지배권에 영향을 미치는 일체의 경영행위를 의미한다. 좁은
의미로는 기업 간의 인수합병을 뜻하며 넓은 의미로는
회사분할과 기술제휴, 공동마케팅 등 전략적 제휴까지 확대된
개념이다. M&A는 크게 적대적M&A와 우호적M&A로 구분할 수
있다. 우호적M&A는 인수 회사와 피인수 회사와의 합의에 의해
이루어지며 주로 기업 성장을 목적으로 한다. 반면 적대적M&A는
피인수 회사의 의사와 관계없이 인수 회사가 독단적으로 취하는
경우로 공개매수 방식이나 주식매집을 통해 이뤄진다. 제3자가
기존 대주주나 경영진의 의사에 상관없이 그 기업의 경영권을
빼앗는 것이다. 적대적M&A의 공격 수법에는 목표 기업의 주식을
시장에서 직접 사들이는 주식매집과 공개매수, 위임장 대결 등의
방법이 있으며, 방어 전략에는 독약처방, 황금낙하산,
차등의결권제도 등이 있다.

■ 방카슈랑스

은행과 보험회사가 협력하여 종합금융서비스를 제공하는
것이다. 프랑스어로 은행(banque)과 보험(assurance)의 합성어로,
은행과 보험회사가 상호제휴와 업무협력을 통해
종합금융서비스를 제공하는 새로운 금융결합 형태이다. 은행과
보험사가 상호제휴와 업무협력을 통해 종합금융서비스를
제공하는 새로운 형태의 금융 서비스로, 보험사는 은행의

전국전인 점포망을 통해 판매채널을 손쉽게 확보할 수 있고, 은행으로서는 각종 수수료 수입을 기대할 수 있으며 부실채권을 방지할 수 있다.

프랑스 등 선진국 금융기관에서 활발히 판매되고 있는 상품이다. 1986년 프랑스 아그리콜은행이 프레디카 생명보험사를 자회사로 설립하여 은행 창구에서 보험 상품을 판매하면서 방카슈랑스가 처음 출현하였다. 이후 영국 독일 네덜란드 등 금융업종 간 경계가 느슨한 유럽 지역에서 유행하다가 최근에는 전 세계의 금융시장으로 확산되고 있다. 프랑스의 경우 2011년 기준으로 생명보험 상품의 절반 이상이 은행을 통해 판매되고 있다. 유럽 전체로는 20% 이상, 미국도 생명보험 상품의 13%가 방카슈랑스 형태라는 통계가 있다. 일본은 2001년 4월부터 자회사의 일부 보험 상품에 한정하여 판매제휴를 허용하고 있다. 우리나라에서는 방카슈랑스가 2003년 8월 말 도입되었다.

■ 내국환

송금 또는 채권·채무의 결제를 현금의 이송에 의하지 않고 제3자에게 위탁하여 처리하는 방식이다. 이러한 업무는 주로 은행 등의 금융기관이나 우체국에서 취급하고 있다. 그 종류로는 채무자가 채권자에게 송금하는 송금환과 채권자가 채무자에 대하여 추심하는 역환 방식이 있다.

환거래 방법은 송금인이 '갑' 은행에 돈을 위탁하고 그 증표를 수취인에게 보내면 수취인은 그 증표를 지정된 '을' 은행에 제시하고 돈을 찾게 된다. 그런 후에 '을' 은행은 수취인에게 대불한 금액을 '갑' 은행에 청구하여 은행 상호간에 결제한다.

■ 외국환

　화폐제도가 다른 국가 간의 대차를 환어음의 교환으로써
결제하는 방법을 말하며 외환이라고도 한다. 또 외국환이라 할
경우 외국환어음의 약칭으로 쓰이는 수도 있다.

■ 상품선물

　상품선물은 농산물, 축산물, 에너지, 임산물, 비철금속, 귀금속
등 이와 유사한 상품을 대상으로 한 선물거래로서 1848년 4월
미국 시카고상품거래소의 설립(곡물선물거래)으로 개시되었으며,
국내 선물시장에서는 금선물과 돈육선물이 거래되고 있으며
1999년 4월 및 2008년 7월에 각각 상장되었다.

■ 여신금융기관

　대부업의 등록 및 금융이용자 보호에 관한 법률」제3조(정의)는
여신금융기관에 관하여 '다른 법령에 의하여 인가 또는 허가 등을
받아 대부업을 영위하는 금융기관을 말한다'라고 규정하고 있다.
따라서 여신금융기관이란 금융관련법령을 근거로 인·허가를
받아 금전의 대부 또는 그 중개, 어음할인·양도담보 그 밖에 이와
유사한 방법에 의한 금전의 교부 및 금전수수의 중개를 업으로
영위하는 자라고 정의할 수 있다. 한편, 여신금융기관의 범위를
좁게 해석하여 '금융기관 중 법령에 의하여 대부업의 인가 또는
허가 등을 받은 자'로 한정할 수도 있으나, 보통은 '법령에 의하여
인가 또는 허가 등을 받은 금융기관으로서 그 부수업무로
신용공여(대부)를 업으로 할 수 있는 자'로 넓게 해석하고 있다.
여신금융기관의 예로서는 은행법상의 은행, 상호저축은행법상의
상호저축은행, 신용협동조합법상의 신용협동조합,
여신전문금융업법상의 신용카드업자·시설대여업자
·할부금융업자·신기술사업금융업자, 보험업법상의 보험회사
등을 들 수 있다.

■ 종합금융회사

종합금융회사는 기업에 대한 종합적인 금융지원을 원활하게
하고 금융 산업을 균형 있게 발전시키기 위하여 「자본시장과
금융투자업에 관한 법률」에 따라 설립된 회사로서 단기금융업무,
국제금융업무, 설비 또는 운전자금의 투융자업무, 증권의
인수·매출·모집 또는 매출의 주선 등의 업무를 수행한다.

■ 파생상품

파생상품이란 그 가치가 기초상품의 가치로부터 파생되는
계약 또는 증권을 말한다. 파생상품은 그 자체가 효용가치를 가진
것이 아니나 계약의 기초상품의 가치가 변동함에 따라 그 가치가
연동되어 변동한다. 파생상품의 가치가 연동되는 기초상품을
현물이라고 부르기도 하며, 선도, 선물, 스왑, 옵션 등을 대표적인
파생상품이라고 할 수 있다. 파생상품은 거래방식 및 장소에 따라
증권선물거래소에서 거래하는 장내거래와 당사자 간 직접
계약·거래하는 장외거래로 구분할 수 있으며 장내거래는
거래불이행 위험이 없는 반면 장외거래는 거래불이행 위험이
상대적으로 높다. 기초자산별로는 상품파생상품, 통화파생상품,
금리파생상품, 주식파생상품, 신용파생상품 등으로 구분할 수
있다.

■ BIS자기자본비율

　　BIS자기자본비율은 BIS(국제결제은행)의 바젤은행감독위원회의
'자기자본 측정과 기준에 관한 국제적 합의'에 의한 개념으로
은행의 리스크 증대에 대처하기 위한 자기자본비율 규제에 관한
국제적 통일기준을 의미한다. 이는 (기본자본 + 보완자본 -
공제항목)/위험가중자산×100으로 계산한다. 기본 자본은
영구적 자본으로서 기능할 수 있는 자본금, 자본준비금,
이익잉여금 등으로 구성되며, 보완자본은 회계 상 자기자본은
아니지만 일정한 조건 하에서 자기자본을 보완할 수 있다고
판단되어 감독당국들이 재량으로 자기자본으로 인정하는
재평가적립금 등을 말하는데, 기본자본의 100% 이내에서만
인정한다. 공제항목은 자기자본 규제 목적상 자본적 성격이
없다고 판단된 자산항목들(영업권, 연결조정차계정, 이연법인세차
등)로 성격에 따라 기본자본 또는 보완자본에서 공제한다.

■ CMA

　　본래 CMA는 종합금융회사가 고객으로부터 예탁 받은 금전을
어음 및 채무증서 등에 운용하고, 그 수익을 고객에게 지급하는
수시입출금이 가능한 금융상품을 지칭하는 용어로 20여 년
전부터 종금사에서 사용하고 있었다. 하지만 증권회사에서도
고객의 유휴현금을 자동으로 MMF, RP 등에 투자하면서도
수시입출금이 가능한 금융서비스에 CMA라는 명칭을 사용하기
시작하였고, 현재는 예금자보호가 되는 종금사형 CMA와

예금자보호가 되지 않는 증권사형 CMA가 명칭 구분 없이
혼용하여 사용되고 있는 실정이다. 증권회사의 CMA는 CMA약정
계좌내 예치자금을 MMF, RP 등의 금융자산에 자동으로
투자(매수)하고 고객의 현금인출 요구 시 자동으로 매도하여
주고, 연계된 은행계좌 또는 소액지급결제시스템에 참가한
증권회사의 고객계좌를 통해 급여이체, 인터넷뱅킹,
결제대금(공과금, 카드대금, 보험료 등) 자동납부, 자동화기기를
통한 입출금 등 각종 금융서비스를 제공하는
증권종합계좌서비스를 말한다.

■ 헤지펀드

　헤지펀드는 소수의 거액투자자로부터 사모방식으로 모집한
자금을 주식, 채권, 통화, 파생상품 등 다양한 자산에 투자하여
수익을 배분하는 집합투자기구로서, 다양한 투자전략으로 위험을
분산하며 유동성을 공급하는 등 금융시장의 효율성을 제고하는
반면, 고수익·고위험을 추구하기 위한 단기매매, 공격적
투자행위로 시장의 안정성을 저해하는 양면성을 가지는
펀드이다.

　헤지펀드의 주요 투자전략은 저평가 주식을 매수한 후 고평가
주식을 공매도하는 주식헤지형, M&A, 파산 등 기업의
특수상황을 활용하는 상황추구형, 내재가격과 시장가격간
불일치에 따른 차익기회를 포착하는 상대가치차익 거래형,
환율·금리 등에 투자하는 거시지표 투자형 등으로 분류
가능하다.

■ 해외선물거래

　외국의 선물거래소에서 행하여지는 선물·옵션거래로서
국내투자자가 해외선물거래를 하고자 하는 경우에는 현행
자본시장법상 장내파생상품 업무인가를 받은 금융투자회사를
통해서만 가능하다.

Part Four

Reference

등장 배경

제2금융권이란 용어는 전형적인 금융기관인 은행과 대비하여 보험회사, 신탁회사, 증권회사, 종합금융회사 등을 일컫는 말이다.

제2금융권에 포함되는 금융기관들은 일반 상업은행과 유사한 업무를 담당하면서도 은행법의 적용을 받지 않는다. 그리하여 비은행금융기관이라고 불리기도 한다. 제1금융권이라고 할 때에는 특수은행과 일반은행, 지방은행을 의미하며 제2금융권에는 보험회사와 증권회사, 신용카드회사, 상호저축은행, 새마을금고, 신용협동조합,

리스회사, 벤처캐피털 등이 포함된다. 이러한 제1, 제2금융권에서 대출이 힘들 경우 이용하는 사채업의 금융권은 제3금융권이라 불린다.

경제개발의 초기에는 제1금융권이 사회 내에서 주도적인 역할을 담당했다. 그러나 지속적인 고도성장은 한국을 세계시장의 한 가운데에 세워주었고 그로 인해 금융의 세계화를 맞이하게 되었다. 이에 전 세계와 경쟁 구도에 놓인 한국은 여러 가지 산업과 정책들을 개편해야만 했으며 금융 산업도 그 중 한 가지였다.

　이러한 시대적 환경 속에서 금융 자유화 정책이 수립되었고 이는 은행의 민영화와 함께 환율과 금리의 자유화로 나타났다. 이로 인해, 우리나라의 전반적인 금융 감독 및 검사체계 기능이 크게 악화되었다. 하지만 금융시장과 자본시장의 개방화와 국제화라는 추세에 발맞추어 우리 경제의 지속적 성장을 위해서는 금융정책의 기본방향을 종래의 직접 규제 방식에서 금융기관이 자율적으로 금리를 결정하도록 자율화하고, 대출한도를 철폐하는 등의 간접규제 방식으로 바꾸지 않을 수 없었다.

　그러자 1970년대에 들어 제1금융권은 자산 규모와 점포망 등에서 성장 둔화 현상이 나타나기 시작하였다. 그러나 1970년대부터 설립되기 시작한 단기금융회사, 투자신탁회사, 리스회사, 상호신용금고, 신용협동조합 등

이른바 제2금융권의 비중은 크게 증대하였다. 바로, 1970년대 후반에 제2금융권이 비약적인 성장을 기록할 수 있었던 이유는 이러한 정책적인 배려가 있었기 때문이었다.

현황(2023년 기준)

- 신용카드회사 : 임원 180명, 직원 12,111명,
국내 점포 143개, 해외 점포 20개

- 상호저축은행 : 임원 732명, 직원 9,389명, 점포 278개

- 신용협동조합 : 임원 8,692명, 직원 9,183명,
조합원 6,800,112명

- 리스회사 : 임원 241명, 직원 4,365명, 국내 점포 120개,
해외 점포 25개

- 신기술금융 : 임원 587명, 직원 1,168명, 국내 점포 14개,
해외 점포 9개

- 생명보험회사 : 임원 138명, 이사대우 419명,
직원 22,056명, 전속설계사 57,214명, 등록설계사 76,821명,
점포 1,927개, 대리점 6,066개

- 손해보험회사 : 임원 129명, 이사대우 485명,
직원 32,378명, 전속설계사 99,950명, 등록설계사 149,387명,
점포 2,783개, 대리점 28,951개

- 종합금융회사 : 임원 17명, 직원 141명, 국내 점포 4개

보험회사

제2금융권의 하나인 보험회사는 은행과는
다른 방식으로 이윤을 창출한다. 보험회사는
다수의 계약자를 상대로 보험료를 받아 거대
자본금을 만들며 이를 대출하거나 혹은
유가증권, 부동산 등과 같은 곳에 투자를 하여
수익을 만들어 낸다. 그 수익금으로
보험계약자가 계약 할 때에 보장했던 노후,
사망, 질병, 사고 시의 보험금을 지급하게 된다.

보험회사에는 생명보험회사와 손해보험회사
및 우체국보험이 있다.

생명보험은 사람이 살아가는 동안에 발생

가능한 질병, 상해, 고도의 장애, 퇴직 등의
위험에 대비하여 경제적 손실과 노후 생활을
보장하기 위한 목적으로 만들어진 제도이다.
생명보험의 경우에는 일정 기간 동안 꾸준히
납입할 경우 보험만료가 되면 가입자에게
납입금을 돌려주기 때문에 저축의 성격을 띤다.
그런 특징 때문에 생명보험회사는
저축기관으로 분류된다.

손해보험이란 생명보험 외의 보험들을
의미한다. 다양한 보험 종목을 가지며 화재보험,
해상보험, 자동차보험, 특종보험, 장기보험 등을

포함한다. 어디까지나 위험에 대비하여 돈을
미리 쌓아두는 것이기 때문에 사고가 발생하지
않으면 돈을 돌려받을 수 없게 되어있다. 그런
면에서 생명보험과는 큰 차이를 가진다.

보험회사에는 본사업무와 영업업무로
나눠지며 입사 후 대부분의 직원이 보험회사의
계약자를 늘리기 위한 영업일을 하게 된다.
일하는 회사의 보험 상품을 이해하고 거기에
관련된 약관 및 타 보험사의 상품을 분석하는
일 또한 영업을 하는 사람의 업무이다. 회사의
보험 상품의 종류는 굉장히 다양하기 때문에
미리 분석해두지 않으면 상담설계를 해 주는 데
어려움을 느끼기 때문이다. 물건을 하나 파는
것이 아니라 매달 마다 지속적으로 보험료를
납입해야 하는 보험 상품을 판매하는 일이기
때문에 계약자들을 설득하는 것은 쉽지 않다.
지속적으로 꾸준히 만남을 갖고 보험의
필요성을 설명하는 것 또한 보험일을 하는
사람의 몫이다.

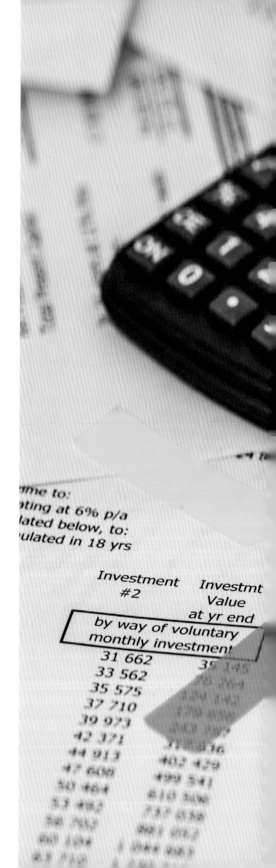

증권회사는 증권시장과 투자자 사이에서
증권을 매매시키는 일을 맡는 금융기관이다.
증권거래소와 함께 증권시장을 형성하는
중추적 기관으로 은행의 업무와 마찬가지로
증권회사가 하는 고유 업무와 이와 관련된 부수
업무, 겸업 업무로 나눠진다.

자기매매 업무는 증권회사 고유 업무 중 가장
주요한 업무이다. 자기매매 업무란 증권회사가
유가증권을 회사의 자본금으로 매매하는 것을
말하며 증권거래법상에서는 유가증권의
매매라고 부르고 있다.

증권회사에서 가장 많이 하는 업무 중 한
가지가 바로 위탁매매 업무이다. 유가증권의
위탁매매를 맡게 되는데, 위탁매매란
증권회사가 고객으로부터 매도, 매수의 주문을
받아 증권회사의 명의와 고객의 계산으로
유가증권의 매매거래를 체결하여 주고 일정한
대가를 받는 행위이다.

위탁매매 업무는 증권회사의 고유 업무인
동시에 중요한 수입원이다. 유가 증권의 중개를
맡기도 하는데, 중개는 증권회사가
매매당사자의 중간에서 매매가격, 조건의
조정을 통해 매매가 쉽게 성립되도록 하는 것을
말한다.

인수주선 업무 또한 증권회사 고유 업무이다.
유가증권을 발행함에 있어서 이를 매출할
목적으로 유가증권의 발행인으로부터 그의
전부 또는 일부를 취득하거나 유가증권의 발행
시에 잔액을 인수함을 뜻한다.

매출이란 불특정 다수인에게 균일한
조건으로 이미 발행된 유가증권의 매도를
청약하거나 매수의 청약을 권하는 것을
의미한다.

증권회사의 부수업무는 기존 증권업무와
유사한 성격이거나 증권회사에서 일하고 있는
사람들의 능력 혹은 공간 등의 활용이 가능한
업무로서 구체적인 내용은 대통령령에서
정하고 있다. 이러한 일로는 증권업과 관련한
관련된 부수업무로는 유가증권 및 지분평가
업무, M&A라고 하여 기업의 매수 및 합병을
하는 업무, 기업경영 컨설팅 업무 등이 있으며
부동산 임대업, 금고 대여업, 복권, 입장권의
판매대행 업무, 증권관련 연수 업무와 같은
일도 여기에 포함된다.

증권 회사는 겸영업무로 신용공여 업무와
증권저축 업무를 할 수 있다. 신용공여 업무는
증권회사가 유통시장의 수급조절 수단으로
유가증권 매매와 관련하여 고객에게 금전의
융자 또는 유가증권의 대여를 하는 것으로
신용거래 융자 및 대주, 주식청약자금대출,
유가증권 매입자금대출, 예탁증권담보대출
등이 있다.

증권저축 업무란 유가증권에 대한
전문지식이 부족한 소액투자자를 위하여
증권회사가 저축투자자로부터 납입 받는
저축금으로 자기 유가증권을 매도하거나
저축투자자가 유가증권시장 또는
코스닥시장에서 유가증권을 매수한 경우 이를

보관하는 제도를 말한다.

증권저축에는 일반증권저축과 조세특례제한법에 의한 근로자우대증권저축, 생계형저축, 비과세근로자주식저축, 장기증권저축 및 세금우대종합저축 등이 있다.

증권 회사는 제2금융권이기 때문에 은행에서 하는 일과 비슷한 부분이 많다. 증권에서 일한다고 생각할 때 가장 많은 사람들이 떠올리는 것이 위탁매매업이다. 고객으로 부터 유가증권 매매거래의 주문을 받아서 시장에서 매매거래를 성립시켜주고, 일정한 수수료를 받는 영업인만큼 고객과 1:1로 만나서 혹은 전화를 통해서 매매에 대해 상담하고 고객이 원하는 대로 거래를 대신 하게 된다.

수익증권판매업과 같은 부수 업무를 맡게 될 경우에는 증권회사가 수익증권 또는 증권투자회사의 주식을 모집 또는 판매 업무를 수행하는 일이기 때문에 전화나 혹은 방문 고객에게 이러한 주식을 설명하고 홍보하여 구매하게끔 하는 일을 하게 된다.

자산운용회사

　자산운용회사는 뮤추얼펀드의 재산을
운용하는 곳이다. 뮤추얼펀드란
증권투자회사를 의미한다. 뮤추얼펀드의
구조는 투자자들이 주주가 되는 상법상의
회사인 '증권투자회사'를 축으로 하여
뮤추얼펀드의 주식을 모집 또는 판매하는
'판매회사', 뮤추얼펀드의 자산을 유가증권 등에
투자하여 운영하는 '자산운용회사',
뮤추얼펀드의 자산을 보관하는 '자산보관회사',
그리고 뮤추얼펀드의 일반사무업무를 수행하는
'일반사무수탁회사'로 구성되어 있다.
　증권투자회사는 주식회사의 형식을 갖추고
있으나 서류상의 회사로서 실체가 없는 것이
특징이다. 자산운용회사는 뮤추얼펀드에 모인
돈을 굴리는 주식회사로 뮤추얼펀드 자산을
주식이나 채권과 같은 유가증권과 선물, 옵션
등의 파생상품에 투자하는 일을 한다.
　자산운용회사가 되기 위해서는 일정한
자격을 갖추어 금융감독위원회의 허가를
받아야 하는데, 이에 따른 조건으로는 상법상의
주식회사로서 납입자본금이 100억 원
이상이어야 하며, 상근하는 임직원 중에서
대통령령이 정하는 운용 전문 인력이 5명
이상이어야 한다. 또 임원 중에 증권투자회사
발기인의 결격사유에 해당하는 사람이 없어야
하며, 직전 사업연도의 대차대조표상에 자산이
부채를 초과하는 재무 건전성 요건을 갖추어야
한다.

상호저축은행

상호저축은행은 일반 서민들과 소규모 중소기업들이 사업을 하거나 돈을 빌려 사용하는 데 불편함을 느끼지 않을 수 있게끔 하고 저축을 늘리기 위하여 설립된 금융기관이다. 1972년 처음으로 설립되었으며 지역 금융기관으로 본래의 명칭은 상호신용금고였으나 2001년 3월 상호신용금고법이 상호저축은행법으로 개정되었다.

주 업무는 수신업무·여신업무·부대업무로 나누어지며 수신업무는 예금과 부금, 적금 등이다. 제2금융권에서 취급하는 부금 중, 신용부금이란 일정금액을 매월 계약기간 동안 적립하면 만기일에 원리금을 받을 수 있으며, 가입 즉시 계약금액 범위 내에서 대출을 받을 수 있는 적립식 상품을 말한다. 적금은 금융기관에 매월 일정 금액을 정해놓은 일정 기간 동안 저금한 다음에 찾는 것이다. 그렇게 되면 높은 이율을 얻을 수 있는데 이는 적금을 드는 동안 고객이 돈을 찾아갈 걱정이 없기 때문에 은행이 마음 놓고 다른 곳에 투자해 더 큰 수익을 낼 수 있기 때문이다.

여신업무에는 대출·어음할인 등이 있다. 이 밖에도 자금이체와 내국환업무, 대여금고 및 야간금고, 공과금 수납대행 등과 같은 부대업무가 있다.

신용협동기구

　주거지역, 직장, 종교 등과 같은 공동 유대관계를 가진
사람들이 조합을 만들어 조합원에게 저축의 편의와 대출의
기회를 마련해주는 기구이다. 주요한 기구로는 농협과 수협의
단위조합, 신용협동조합, 새마을금고 등이 있다. 기존에는
상호금융회사라고 하였으나 최근에 와서는 신용협동기구라는
명칭을 사용한다. 신용협동기구는 조합원 간의 상호 이해관계를
바탕으로 이루어져 있으며 조합원에게 받은 출자금으로 수입을
관리하는 형태이다.

　신용협동기구는 한국신용협동조합연합회의 신용협동조합,
새마을금고연합회의 새마을금고, 그리고 농업협동조합과
수산업협동조합에서 운영하는 상호금융의 3가지로 분류된다.

　상호금융과 같은 경우에는 농업, 수산업과 같은 농어촌
지역에서 같은 일을 하고 있는 사람들로 구성되어 있으며
신용협동조합은 종교, 직장과 연계되어 있는 경우가 많아 주로
도시에 자리 잡고 있다.

　신용협동기구는 조합원을 위한 다양한 금융 업무를 행하고
있다. 조합원과 비조합원을 대상으로 한 예탁금과 적금의 수납,
조합원에 대한 대출, 내국환, 국가, 공공단체 및 금융기관의
대리업무, 유가증권, 귀금속 등을 보관해주는 보호 예수업무,
어음할인 업무 등을 행한다.

　공제 업무도 하는데, 공제란 협동조합에서 운영하는 비영리
보험이다. 신협은 조합원의 생활 안정과 재난 대비를 목적으로
공제사업을 실시하고 있다. 신협의 공제사업은 저축의 다양화와
위험 보장에 대한 조합원의 욕구를 만족시키고 있다.

　뿐만 아니라, 유통사업과 공동구매 그리고 농산물 직거래
사업에 이르기까지 조합원의 생활의 질을 높이기 위해 여러
활동을 전개하고 있다. 공동구매, 유통사업, 창고업 및 장의업,
기타 이에 준하는 사업 생산자의 생활보장과 소비자의 안전한
먹거리를 위한 도시와 농촌간의 농산물 직거래를 한다.

주로 예탁금과 적금 및 출자금 등으로 조달한 자금을 신용 및 담보대출과 예치금 등으로 운용하고 있다.

신용협동조합의 자금운용의 특징은 조합원으로부터 조달된 자금을 조합원에 대한 대출로 운용하는 상호금융이라는 점이다. 자금운용 중 대출금의 비중이 큰 편이며, 주로 신용대출, 담보대출 및 범위 내 대출로 이루어지고, 규모는 작지만 자립대월과 어음대출도 행해지고 있다.

신용협동조합에서의 업무는 은행의 업무와 크게 다르지 않으나 각 신협마다 봉급이나 복지가 달라 일관적이지 않다. 창구업무를 볼 뿐만 아니라 카드상품과 보험 상품 판매를 통한 실적 중심의 업무를 하게 된다. 신용협동조합에서는 파출 업무를 맡게 되기도 하는데, 파출수납이란 가게를 비워두고 은행에 직접 올 수 없는 보통 조합원들을 찾아가서 직접 돈을 받고 입금을 해 주는 일이다.

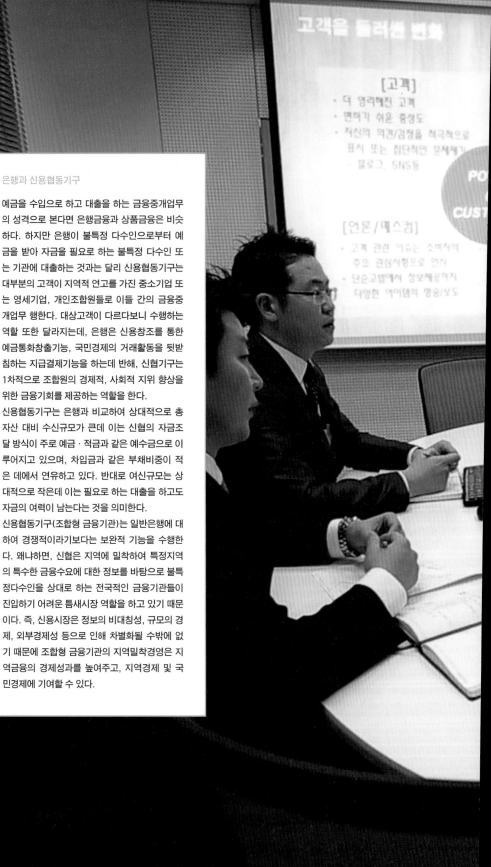

은행과 신용협동기구

예금을 수입으로 하고 대출을 하는 금융중개업무의 성격으로 본다면 은행금융과 상품금융은 비슷하다. 하지만 은행이 불특정 다수인으로부터 예금을 받아 자금을 필요로 하는 불특정 다수인 또는 기관에 대출하는 것과는 달리 신용협동기구는 대부분의 고객이 지역적 연고를 가진 중소기업 또는 영세기업, 개인조합원들로 이들 간의 금융중개업무 행한다. 대상고객이 다르다보니 수행하는 역할 또한 달라지는데, 은행은 신용창조를 통한 예금통화창출기능, 국민경제의 거래활동을 뒷받침하는 지급결제기능을 하는데 반해, 신협기구는 1차적으로 조합원의 경제적, 사회적 지위 향상을 위한 금융기회를 제공하는 역할을 한다.

신용협동기구는 은행과 비교하여 상대적으로 총자산 대비 수신규모가 큰데 이는 신협의 자금조달 방식이 주로 예금 · 적금과 같은 예수금으로 이루어지고 있으며, 차입금과 같은 부채비중이 적은 데에서 연유하고 있다. 반대로 여신규모는 상대적으로 작은데 이는 필요로 하는 대출을 하고도 자금의 여력이 남는다는 것을 의미한다.

신용협동기구(조합형 금융기관)는 일반은행에 대하여 경쟁적이라기보다는 보완적 기능을 수행한다. 왜냐하면, 신협은 지역에 밀착하여 특정지역의 특수한 금융수요에 대한 정보를 바탕으로 불특정다수인을 상대로 하는 전국적인 금융기관들이 진입하기 어려운 틈새시장 역할을 하고 있기 때문이다. 즉, 신용시장은 정보의 비대칭성, 규모의 경제, 외부경제성 등으로 인해 차별화될 수밖에 없기 때문에 조합형 금융기관의 지역밀착경영은 지역금융의 경제성과를 높여주고, 지역경제 및 국민경제에 기여할 수 있다.

피해 사례

　제2금융권의 피해사례는 높은 이자가 문제가 되는 경우가
많다. 제2금융권은 제1금융권인 은행에 예금하는 것과 비교할 때
더욱 높은 이자를 계산해주기 때문에 서민들이 목돈을 만드는
창구로 이용한다.

　그러나 높은 이자율만큼 회수가 되지 못할 위험율도 높고,
일반서민들이 생각하지 못하는 문제가 발생될 소지가 높은
경향이 있다. 이로 인해 높은 이자율, 회수금만 생각하고
제2금융권에서 판매하는 상품의 안전성을 제대로 확인하지
못하고 돈을 투자하는 경우가 빈번하다. 금융지식도 없는
피해자들이 재산을 불려주겠다는 직원의 말만 철석같이 믿고
투자하는가 하며, 가족 명의까지 사용하여 투자를 하기도 한다.

　2011년 한국에서 〈부실 저축은행 영업정지 사건〉 때에 피해를
입은 서민들이 많은 것은 바로 이런 이유이다. 영업이 정지된
저축은행은 모두 16곳이었고, 피해자는 9만 여명, 피해규모는 약
1조2천억 원대에 이르렀다.

　2013년 〈동양사태〉는 동양증권의 회사채 및 기업어음에
투자한 4만 여명의 서민들이 피해를 보았고 그 규모도 1조6천억

원에 달했다.

이러한 피해는 비단 투자자에게만 그치는 것이 아니다. 자신을 믿고 회사에 투자했던 고객이 돈을 모두 잃게 되자 미안함과 자책감에 시달리던 직원이 고통을 이기지 못해 잘못된 선택을 하기도 하였다.

제2금융권이 갖고 있던 또 다른 문제는 연대보증에 있다. 최근 폐지의 수순을 밟은 이 제도는 돈을 빌리고자 하는 사람이 자신의 집이나 땅과 같은 부동산을 보증할 수 없는 경우 친인척 혹은 지인들을 대신하여 보증을 서게 하는 것이었다. 이때 돈을 빌린 사람이 돈을 갚지 못할 경우 그 원금과 이자를 보증인이 모두 물게 되는 방식이었다. 문제는 제2금융권의 특성상 높은 이자가 책정되고 원금과 이자가 기하급수적으로 늘어나면서 실질적으로 돈을 빌린 사람이 갚지 못하면 보증인이 고통을 받게 되는 경우가 많다는 것이었다. 이로 인해 엄청난 수의 신용불량자가 발생되었다.

제2금융권은 조건 없이 돈을 대출해준다는 광고로 돈이 갑작스럽게 필요한 대중들의 다급한 마음을 사로잡으며 그 시장을 확대해 나가고 있는 실정이다. 최근 경기 침체와 부동산 전세 값의 폭등 등으로 제1금융권에서 대출을 받을 수 없는 이들의 제2금융권 대출이 늘고 있는 실정이다. 이는 국민 개개인의 가정 내의 빚, 즉 가계부채가 증가하는 것을 의미하며 전반적인 국민들의 빚이 늘어남을 의미한다. 정부는 계속적으로 제2금융권에 대한 규제를 강화하고 있지만 대출을 통해 높은 수익률을 얻는 제2금융권의 특성상 완전한 통제가 이루어지기는 어려울 것으로 전망하고 있다.

사채업의 역사와 오늘

셰익스피어의 희곡 〈베니스의 상인〉에 등장하는 유태인 샤일록이나 도스토예프스키의 〈죄와 벌〉의 전당포 노파는 모두 사악한 고리대금업자의 전형으로 묘사된다. 〈로마인 이야기〉를 보면 속주의 세율은 10%로서 속주민들이 세금 때문에 생활고를 겪지는 않았지만, 40~60%의 고리대금으로 큰 고통을 받아 카이사르가 직접 고리대금업을 근절하는 이야기가 나온다. 중세 유럽인들이 유태인을 미워했던 이유도 많은 유태인 부호들이 고리대금업을 통해 막대한 부를 거머쥐었기

때문이다. 스스로 목숨을 끊은 유명인의 자살 원인도 도를 지나친 사채업자들의 잔인한 빚 독촉과 채권추심이었다고 한다. 사채란 한 사람의 목숨을 앗아갈 정도로 무서운 것인가. 높은 사채이자를 감당하지 못해 채무불이행 상태가 된 채무자가 악덕 사채업자에게 장기적출을 당했다는 이야기도 있다.

높은 이자를 받는 대금업은 은행과 같은 공금융제도가 정착되기 이전인 기원전부터 그 유래를 찾을 수 있다. 중국에는 이미 춘추전국시대부터 전문적인 사채업자가

존재했으며 우리나라에도 춘궁기에 식량을
대출하고 수확기에 두 배의 이자를 받는
장리꾼들이 있었다. 사채는 경제활동이
이루어지는 곳이라면 어디서나 자연스럽게
형성되어 있었다고 보아도 무방할 것이다.

　사실 현재의 금융 산업은 대금업으로부터
출발했다고 보아도 과언은 아니다. 돈을 가진
자와 돈을 필요로 하는 자를 연결할 필요에
의하여 대금업이 자연스레 정착된 것이다.
그러나 이러한 '사채'에 대한 부정적 인식은
엄청나다. 우리나라에서 대부업체 CF광고에
출연하는 연예인은 혹독한 비판의 대상이 된다.
현행법으로 인정받는 합법적 사업임에도
불구하고 말이다.

　점점 양성화되고 법의 테두리 안으로
들어오고 있는 추세이지만 결국 사채는 사채,
잘못 사용하게 되면 돌이킬 수 없는 파멸의
늪으로 빠져들 수 있다. 국민들의 사금융 피해
예방을 위해 금감원이 조사한 결과를 보면
생활정보지 등에서 무등록 사채업의 허위과장
광고가 버젓이 실려 있었다. 이들은 접촉
해오는 사람들에게 급전대출을 미끼로
카드할인, 휴대폰 대출 등의 고금리 불법
대출을 유도하고 고액의 중개수수료를 받아
챙기기도 한다.

제도권 금융기관은 제1, 2금융권으로 불리며 공식적인 금융
업무를 전담한다.

제1금융권은 은행을 말한다. 중앙은행, 특수은행,
일반은행으로 나뉘며 금융 산업의 정점에 서있는
금융기관이라고 할 수 있다.

제2금융권은 전형적인 금융기관인 은행을 제외한 금융기관을
통칭하여 부르는 명칭이다. 은행법의 적용을 받지 않으면서도
일반 상업은행과 유사한 기능을 담당하고 있기 때문에
비은행금융기관이라고도 한다. 상호금융·법이나 농협법, 또는
저축은행법의 적용을 받는다.

1980년대 이후 보험회사와 증권회사 등을 중심으로 성장한 뒤
다양하게 분화되었다. 일반 은행이 간접금융인 데 비하여 자금이
공급자로부터 수요자에게 직접 융통되는 직접금융인 경우가
흔하다.

사금융, 즉 제3금융 시장은 본래 정부당국에 정식으로
금융활동을 허가받지 않은 사채업자, 대부업자에 의해 대부, 금융
중개, 알선 등의 금융거래가 이루어지는 시장을 의미한다. 넓은
의미로는 개인 간의 자금대여가 발생하는 개인 신용이나
전통적인 신용모임인 계 등도 포함된다고 할 수 있으나 주로
전문적인 사채업자, 대부업자에 의해 자금의 공급과 상환이
이루어지는 것을 의미한다.

법적으로는 법인세법 시행령 제 37조 2항에 규정된 금융기관
등의 범위에 포함된 금융기관을 통하지 않고 이루어지는
금융거래로 정의된다. 즉 제3금융은 제도권 밖의 돈의 흐름을
창출하는 곳으로서 거래되는 금융자산의 유형, 거래조건 등이
정부에 의해 규제되거나 파악되지 않아 탈세 및 각종 불법적
음성적 자금거래가 이루어질 수 있는 기반을 제공함으로써
지하경제의 온상이 되어온 금융권을 지칭한다고 할 수 있다.

사금융시장은 만성적인 자금의 초과수요현상과 담보위주의

대출관행으로 금융기관으로부터 자금을 조달하기 어려운
중소기업 등의 수요에 의해 형성되며 공식금융기관의
자금공급량이 자금의 수요량을 충족시키지 못하는데서 나타나는
경향이 많아 통상 제도금융권의 금리보다 월등히 높은 고금리가
형성된다.

우리나라에서 사채시장이 기업이나 개인에게 중요한
자금시장으로서의 역할을 하게 된 것은 정부의 금융시장
개입으로 인해 제도 금융시장의 기능이 크게 제약된 결과이다.
은행 대출은 만성적인 초과자금 수요 상태에 머물렀고 대출에
상응할만한 담보의 부족, 은행의 관료적 사무 처리와 시간 지연
등으로 기업과 가계는 필요한 자금의 상당 부분을 사채시장에서
조달하여 왔던 것이다.

정부의 금융시장 간섭은 부자연스러운 자본의 흐름을
야기시켰고 이로 인해 사금융시장도 성장했다.

제3금융사가 갖는 문제점

〈 사채 1,000만 원이 7개월 만에 5,000만 원이 되는 과정 〉

- 1개월 : 1,000만원 대출
  - 선이자 10%를 떼고 900만 원을 받음
  - 이자율이 10일에 10% (연 365%에 해당)
  - 10일 마다 이자만 최소 100만 원을 갚아야 함

- 2개월 : 첫 연체
  - 4번째 이자 납입을 맞추지 못해 첫 연체 발생
  - 갚지 못한 이자 100만 원은 자동 대출한 것으로 간주,
    원금에 합산
  - 원금이 1,100만 원으로 불어남(이후 10일 이자 110만 원)

- 5개월 : 원금이 두 배로
  - 3개월간 5~6호의 산발적 연체, 원금이 2,000만 원 이상으로
    급증
  - 갚지 못한 이자는 모두 원금에 합산 돼 복리로 계산
  - 10일마다 이자만 200만 원 이상을 갚아야 하는 상황
  - 사실 상환 포기

- 7개월 : 원금 5,000만 원
  - 상환 포기 이후 약 60일
  - 이자가 계속 원금에 합산되면서 복리 계산 5,054만 원이 됨
  - 처음 받은 돈 900만 원을 제외하면 4,154만 원이 이자

　　사금융 금리는 매우 높다. 돈을 떼일 위험부담이 높고
관리비용이 많이 들어가기 때문이지만 폭리라고 해도 좋을
정도로 상상을 초월하는 금리수준을 자랑한다. 그나마
법정금리를 지키는 양성화 대부업체의 경우 연체하지 않고

계획적으로 변제해 나가면 큰 문제가 되지 않을 수 있으나 음성적인 미등록 불법사채는 한 개인을 파멸로까지 몰고 갈 수 있어 커다란 사회적 문제로까지 대두될 수 있다. 합법적 법정금리는 49%에서 2018년부터 24%로 내려가긴 했지만, 법정금리 미준수 소형업체의 경우(불법 사채업체) 최대 1400%까지 올라가는 살인적인 금리가 적용되는 경우도 있다.

제3금융은 금융 시장의 질서를 뒤흔들어 놓는다. 금융당국자가 금융정책을 제대로 세우려면 시중 통화량을 측정해 자금이 모자라거나 넘치지 않는지 정확히 파악해야 한다. 그런데 자금량 통계에 잡히지 않는 사채자금이 사채시장과 공금융시장을 넘나들면 통계와 현실이 어긋나 정책효과를 빗나가게 하고 공금융시장 질서를 교란시킨다. 거래를 비밀로 할 경우가 많아 은행 등을 통한 공금융 시장에서의 거래와 달리 이자에 대한 소득세를 징수할 근거가 나타나지 않기 때문이다.

사금융업계의 채권추심방식은 매우 혹독하고 잔인하다. 추심이란 정당한 사유 없이 채무 내용대로 돈을 상환하지 않을 경우 채무자에게 이를 독촉하는 것을 말한다. 채권추심업무를 하기위해서는 금융감독위원회의 허가를 받아야 한다.

사채시장에서 문제시 되는 불법 채권추심은 돈을 빌려간 사람이 돈을 갚지 못하게 될 때 고리대금업자가 폭력배를 동원해 폭력과 협박 등으로 생명을 위협하고 고금리와 원금을 강제로 회수해 가는 것으로 돈을 빌려주면서 신체포기각서를 쓰게 하는 불법이 자행되기도 한다. 비합리적인 금리를 적용하여

변제능력을 상실한 채무자에게 도를 지나친
추심행위를 가해 결국 파멸로 몰고 가는 일은
아직도 빈번하다.

　제3금융으로 흐르는 돈은 불법자금일 경우가
많다. 등록대부업의 양성화로 많이 개선되고
있는 추세이긴 하지만 사금융시장은 제도권
금융시장 밖의 돈의 흐름을 창출하는 일종의
지하경제이다. 대체로 거래되는 금융자산의
유형이나 거래조건 등을 비밀로 하기 때문에
정부에 의해 규제되거나 파악되지 않는 경우가
많아 탈세 및 각종 불법적 음성적 자금거래가
이루어질 수 있는 기반을 제공하는 지하자금의
온상이 된다. 게다가 범죄와의 커넥션 문제도
있다. 세금을 내지 않고 더 높은 이자를 얻을
길을 찾아 흐르는 돈이므로 기업의 투자활동
같은 건전한 방향보다는 사회적으로 떳떳하지
못한 경제활동에 쓰일 가능성이 더 높다.

제2조(정의)

① 이 법에서 사용하는 용어의 뜻은 다음과 같다.

  1. "은행업"이란 예금을 받거나 유가증권 또는 그 밖의 채무증서를 발행하여 불특정 다수인으로부터 채무를 부담함으로써 조달한 자금을 대출하는 것을 업(業)으로 하는 것을 말한다.

  2. "은행"이란 은행업을 규칙적·조직적으로 경영하는 한국은행 외의 모든 법인을 말한다.

  3. "상업금융업무"란 대부분 요구불예금을 받아 조달한 자금을 1년 이내의 기한으로 대출하거나 금융위원회가 예금 총액을 고려하여 정하는 최고 대출한도를 초과하지 아니하는 범위에서 1년 이상 3년 이내의 기한으로 대출하는 업무를 말한다.

  4. "장기금융업무"란 자본금·적립금 및 그 밖의 잉여금, 1년 이상의 기한부 예금 또는 사채(社債)나 그 밖의 채권을 발행하여 조달한 자금을 1년을 초과하는 기한으로 대출하는 업무를 말한다.

  5. "자기자본"이란 국제결제은행의 기준에 따른 기본자본과 보완자본의 합계액을 말한다.

6. "지급보증"이란 은행이 타인의 채무를 보증하거나 인수하는 것을 말한다.

7. "신용공여"란 대출, 지급보증 및 유가증권의 매입(자금지원적 성격인 것만 해당한다), 그 밖에 금융거래상의 신용위험이 따르는 은행의 직접적·간접적 거래를 말한다.

8. "동일인"이란 본인 및 그와 대통령령으로 정하는 특수관계에 있는 자(이하 "특수관계인"이라 한다)를 말한다.

9. "비금융주력자"란 다음 각 목의 어느 하나에 해당하는 자를 말한다.

　　가. 동일인 중 비금융회사(대통령령으로 정하는 금융업이 아닌 업종을 운영하는 회사를 말한다. 이하 같다)인 자의 자본총액(대차대조표상 자산총액에서 부채총액을 뺀 금액을 말한다. 이하 같다)의 합계액이 동일인 중 회사인 자의 자본총액의 합계액의 100분의 25 이상인 경우의 그 동일인

　　나. 동일인 중 비금융회사인 자의 자산총액의 합계액이 2조원 이상으로서 대통령령으로 정하는 금액 이상인 경우의 그 동일인

　　다. 「자본시장과 금융투자업에 관한 법률」에 따른 투자회사(이하 "투자회사"라 한다)로서 가목 또는 나목의 자가 그 발행주식 총수의 100분의 4를 초과하여 주식을 보유(동일인이 자기 또는 타인의 명의로 주식을 소유하거나 계약 등에 의하여 의결권을 가지는 것을 말한다. 이하 같다)하는 경우의 그 투자회사

　　라. 「자본시장과 금융투자업에 관한 법률」에 따른 경영참여형 사모집합투자기구(이하 "경영참여형 사모집합투자기구"라 한다)로서 다음 각각의 어느 하나에 해당하는 경영참여형 사모집합투자기구

　　　　1) 가목부터 다목까지의 어느 하나에 해당하는 자가 경영참여형 사모집합투자기구 출자총액의 100분의 10 이상 지분을 보유하는 유한책임사원인 경우(이 경우 지분계산에 있어서 해당 사원과 다른 유한책임사원으로서 해당 사원의 특수관계인의 지분을 포함한다)

　　　　2) 가목부터 다목까지의 어느 하나에 해당하는 자가 경영참여형 사모집합투자기구의 무한책임사원인 경우[다만, 가목부터 다목까지의 어느 하나에 해당하지 아니하는 무한책임사원이 다른 경영참여형 사모집합투자기구를 통하여 비금융회사의 주식 또는 지분에 투자함으로써 가목부터 다목까지의 어느 하나에 해당하게 된 경우로서 해당 경영참여형 사모집합투자기구의 유한책임사원(해당 사원과 다른 유한책임사원으로서 해당 사원의 특수관계인을 포함한다)이 그 다른 경영참여형 사모집합투자기구에 출자하지 아니한 경우에는 이를 제외한다]

　　　　3) 다른 상호출자제한기업집단(「독점규제 및 공정거래에 관한 법률」에 따른 상호출자제한기업집단을 말한다. 이하 같다)에 속하는 각각의 계열회사(「독점규제 및 공정거래에 관한 법률」에 따른 계열회사를 말한다. 이하 같다)가 취득한 경영참여형 사모집합투자기구의 지분의 합이 경영참여형 사모집합투자기구 출자총액의 100분의 30 이상인 경우

　　마. 라목에 해당하는 경영참여형 사모집합투자기구(「자본시장과 금융투자업에 관한 법률」 제249조의13제1항제3호나목 또는 다목에 따라 투자목적회사의 주식 또는 지분을 취득한 자 중 이 호 가목부터 다목까지의 어느 하나에 해당하는 자를 포함한다)가 투자목적회사의 주식 또는 지분의

100분의 4를 초과하여 취득·보유하거나 임원의 임면 등 주요 경영사항에 대하여 사실상의
영향력을 행사하는 경우의 해당 투자목적회사

10. "대주주(大株主)"란 다음 각 목의 어느 하나에 해당하는 자를 말한다.

가. 은행의 주주 1인을 포함한 동일인이 은행의 의결권 있는 발행주식 총수의 100분의
10[전국을 영업구역으로 하지 아니하는 은행(이하 "지방은행"이라 한다)의 경우에는 100분의
15]을 초과하여 주식을 보유하는 경우의 그 주주 1인

나. 은행의 주주 1인을 포함한 동일인이 은행(지방은행은 제외한다)의 의결권 있는 발행주식
총수(제16조의2제2항에 따라 의결권을 행사할 수 없는 주식은 제외한다)의 100분의 4를 초과하여
주식을 보유하는 경우로서 그 동일인이 최대주주이거나 대통령령으로 정하는 바에 따라 임원을
임면(任免)하는 등의 방법으로 그 은행의 주요 경영사항에 대하여 사실상 영향력을 행사하고
있는 자인 경우의 그 주주 1인

② 자기자본 및 신용공여의 구체적 범위에 대하여는 대통령령으로 정하는 바에 따라 금융위원회가
정한다.

제3조(적용 법규)
① 대한민국에 있는 모든 은행은 이 법, 「한국은행법」, 「금융위원회의 설치 등에 관한 법률」,
「금융회사의 지배구조에 관한 법률」 및 이에 따른 규정 및 명령에 따라 운영되어야 한다.
② 이 법과 「한국은행법」은 「상법」이나 그 밖의 법령에 우선하여 적용한다.

제4조(법인)
법인이 아니면 은행업을 경영할 수 없다.

제6조(보험사업자 등)
보험사업자와 상호저축은행업무 또는 신탁업무만을 경영하는 회사는 은행으로 보지 아니한다.

제7조(은행 해당 여부의 결정)
① 법인이 은행에 해당하는지 여부는 금융위원회가 결정한다.
② 금융위원회는 제1항에 따른 결정을 위하여 필요하면 해당 법인에 장부와 그 밖의 서류를
제출하도록 요구할 수 있다.

제2장 은행업의 인가 등

제8조(은행업의 인가)
① 은행업을 경영하려는 자는 금융위원회의 인가를 받아야 한다.
② 제1항에 따른 은행업 인가를 받으려는 자는 다음 각 호의 요건을 모두 갖추어야 한다.

1. 자본금이 1천억원 이상일 것. 다만, 지방은행의 자본금은 250억원 이상으로 할 수 있다.

2. 은행업 경영에 드는 자금 조달방안이 적정할 것

3. 주주구성계획이 제15조, 제15조의3 및 제16조의2에 적합할 것

4. 대주주가 충분한 출자능력, 건전한 재무상태 및 사회적 신용을 갖출 것

5. 사업계획이 타당하고 건전할 것

6. 발기인(개인인 경우만 해당한다) 및 임원이 「금융회사의 지배구조에 관한 법률」 제5조에 적합할 것

7. 은행업을 경영하기에 충분한 인력, 영업시설, 전산체계 및 그 밖의 물적 설비를 갖출 것

③ 제2항에 따른 요건 등에 관하여 필요한 세부사항은 대통령령으로 정한다.

④ 금융위원회는 제1항에 따른 인가를 하는 경우에 금융시장의 안정, 은행의 건전성 확보 및 예금자 보호를 위하여 필요한 조건을 붙일 수 있다.

⑤ 제4항에 따라 조건이 붙은 은행업 인가를 받은 자는 사정의 변경, 그 밖에 정당한 사유가 있는 경우에는 금융위원회에 그 조건의 취소 또는 변경을 신청할 수 있다. 이 경우 금융위원회는 2개월 이내에 조건의 취소 또는 변경 여부를 결정하고, 그 결과를 지체 없이 신청인에게 문서로 알려야 한다.

제9조(최저자본금)

은행은 제8조에 따른 인가를 받아 은행업을 경영할 때 같은 조 제2항제1호에 따른 자본금을 유지하여야 한다.

제10조(자본금 감소의 승인)

① 은행이 주식 수 감소 등 대통령령으로 정하는 자본금의 감소에 해당하는 행위를 하려는 경우에는 금융위원회의 승인을 받아야 한다.

② 제1항에 따른 승인을 받으려는 자는 다음 각 호의 요건을 모두 갖추어 신청하여야 한다.

1. 자본금 감소가 관계 법령에 위반되지 아니할 것

2. 재무구조의 개선 목적 등 자본금 감소의 불가피성이 인정될 것

3. 예금자 등 은행이용자의 권익을 침해하지 아니할 것

③ 금융위원회는 제2항에 따른 신청이 있는 때에는 신청일부터 30일 이내에 승인여부를 결정하여야 한다.

④ 제2항에 따른 요건 등에 관하여 필요한 세부 사항은 대통령령으로 정한다.

⑤ 금융위원회가 제1항에 따른 승인을 하는 경우에는 제8조제4항 및 제5항을 준용한다.

제14조(유사상호 사용 금지)

한국은행과 은행이 아닌 자는 그 상호 중에 은행이라는 문자를 사용하거나 그 업무를 표시할 때 은행업 또는 은행업무라는 문자를 사용할 수 없으며, 은행·은행업 또는 은행업무와 같은 의미를 가지는 외국어 문자로서 대통령령으로 정하는 문자를 사용할 수 없다.

제5장 은행업무

제27조(업무범위)
① 은행은 이 법 또는 그 밖의 관계 법률의 범위에서 은행업에 관한 모든 업무(이하 "은행업무"라한다)를 운영할 수 있다.
② 은행업무의 범위는 다음 각 호와 같다
  1. 예금·적금의 수입 또는 유가증권, 그 밖의 채무증서의 발행
  2. 자금의 대출 또는 어음의 할인
  3. 내국환·외국환

제27조의2(부수업무의 운영)
① 은행은 은행업무에 부수하는 업무(이하 "부수업무"라 한다)를 운영할 수 있다.
② 은행이 부수업무를 운영하려는 경우에는 그 업무를 운영하려는 날의 7일 전까지 금융위원회에 신고하여야 한다. 다만, 부수업무 중 다음 각 호에서 정하는 업무는 신고를 하지 아니하고 운영할 수 있다.
  1. 채무의 보증 또는 어음의 인수
  2. 상호부금(相互賦金)
  3. 팩토링(기업의 판매대금 채권의 매수·회수 및 이와 관련된 업무를 말한다)
  4. 보호예수(保護預受)
  5. 수납 및 지급대행
  6. 지방자치단체의 금고대행
  7. 전자상거래와 관련한 지급대행
  8. 은행업과 관련된 전산시스템 및 소프트웨어의 판매 및 대여
  9. 금융 관련 연수, 도서 및 간행물 출판업무
  10. 금융 관련 조사 및 연구업무
  11. 그 밖에 은행업무에 부수하는 업무로서 대통령령으로 정하는 업무
③ 은행이 제2항에 따른 신고를 하는 경우에는 업무계획 및 예상손익에 관한 서류 등 대통령령으로 정하는 서류를 첨부하여야 한다.
④ 금융위원회는 제2항에 따른 신고내용이 다음 각 호의 어느 하나에 해당하는 경우에는 그 부수업무의 운영을 제한하거나 시정할 것을 명할 수 있다.
  1. 은행의 경영건전성을 해치는 경우
  2. 예금자 등 은행 이용자의 보호에 지장을 가져오는 경우
  3. 금융시장 등의 안정성을 해치는 경우
⑤ 금융위원회는 제2항에 따라 신고받은 부수업무 및 제4항에 따라 제한 또는 시정명령을 한 부수업무를 대통령령으로 정하는 방법 및 절차에 따라 인터넷 홈페이지 등에 공고하여야 한다.

제28조(겸영업무의 운영)

① 은행은 은행업이 아닌 업무로서 다음 각 호의 업무(이하 "겸영업무"라 한다)를 직접 운영할 수 있다.

1. 대통령령으로 정하는 금융 관련 법령에서 인가·허가 및 등록 등을 받아야 하는 업무 중
대통령령으로 정하는 금융업무

2. 대통령령으로 정하는 법령에서 정하는 금융 관련 업무로서 해당 법령에서 은행이 운영할 수
있도록 한 업무

3. 그 밖에 그 업무를 운영하여도 제27조의2제4항 각 호의 어느 하나에 해당할 우려가 없는
업무로서 대통령령으로 정하는 금융업무

② 은행이 겸영업무를 직접 운영하려는 경우에는 다음 각 호에 따라 금융위원회에 신고하여야 한다.

1. 제1항제1호에 따른 업무: 금융 관련 법령에 따라 인가·허가 및 등록 등을 신청할 때 신고

2. 제1항제2호 및 제3호에 따른 업무: 그 업무를 운영하려는 날의 7일 전까지 신고

③ 금융위원회는 제2항에 따른 신고내용이 제27조의2제4항 각 호의 어느 하나에 해당할 우려가
있는 경우에는 그 겸영업무의 운영을 제한하거나 시정할 것을 명할 수 있다.

제28조의2(이해상충의 관리)

① 은행은 이 법에 따른 업무를 운영할 때 은행과 은행이용자 간, 특정 이용자와 다른 이용자 간의
이해상충(利害相衝)을 방지하기 위하여 대통령령으로 정하는 업무 간에는 이해상충이 발생할
가능성에 대하여 인식·평가하고 정보교류를 차단하는 등 공정하게 관리하여야 한다.

② 은행은 제1항에 따른 이해상충을 관리하는 방법 및 절차 등을 대통령령으로 정하는 바에 따라
「금융회사의 지배구조에 관한 법률」 제24조에 따른 내부통제기준(이하 "내부통제기준"이라 한다)에
반영하여야 한다.

③ 은행은 이해상충을 공정하게 관리하는 것이 어렵다고 인정되는 경우에는 그 사실을 미리 해당
이용자 등에게 충분히 알려야 하며, 그 이해상충이 발생할 가능성을 내부통제기준이 정하는 방법 및
절차에 따라 은행이용자 보호 등에 문제가 없는 수준으로 낮춘 후 거래를 하여야 한다.

④ 은행은 제3항에 따라 그 이해상충이 발생할 가능성을 낮추는 것이 어렵다고 판단되는 경우에는
거래를 하여서는 아니 된다.

⑤ 금융위원회는 은행이용자 보호 등을 위하여 필요하다고 인정되는 경우에는 이해상충에 관한
내부통제기준의 변경을 권고할 수 있다.

⑥ 은행은 대통령령으로 정하는 겸영업무 및 부수업무의 경우에는 대통령령으로 정하는 바에 따라
은행업무와 구별하고 별도의 장부와 기록을 보유하여야 한다.

제30조(예금지급준비금과 금리 등에 관한 준수 사항)

① 은행은 「한국은행법」 제55조에 따른 지급준비금 적립대상 채무에 대한 지급준비를 위하여
「한국은행법」 제4장제2절에 따른 최저율 이상의 지급준비금과 지급준비자산을 보유하여야 한다.
다만, 제28조에 따라 운영하는 신탁업무에 대하여는 지급준비금과 지급준비자산을 보유하지 아니할

수 있다.

② 은행은 「한국은행법」에 따른 금융통화위원회가 하는 다음 각 호의 결정 및 제한 등을 준수하여야
한다.

　　1. 은행의 각종 예금에 대한 이자 및 그 밖의 지급금의 최고율의 결정

　　2. 은행의 각종 대출 등 여신업무에 대한 이자 및 그 밖의 요금의 최고율의 결정

　　3. 은행 대출의 최장기한 및 담보의 종류에 대한 제한

　　4. 극심한 통화팽창기 등 국민경제상 절실한 경우 일정한 기간 내의 은행의 대출과 투자의
　　　최고한도 또는 분야별 최고한도의 제한

　　5. 극심한 통화팽창기 등 국민경제상 절실한 경우 은행의 대출에 대한 사전승인

제31조(상업금융업무 및 장기금융업무)

은행은 상업금융업무와 장기금융업무를 모두 운영할 수 있다.

제32조(당좌예금의 취급)

당좌예금은 상업금융업무를 운영하는 은행만이 취급할 수 있다.

제33조(금융채의 발행)

① 은행은 자기자본의 5배의 범위에서 대통령령으로 정하는 한도 내에서 다음 각 호의 사채(이하
"금융채"라 한다)를 발행할 수 있다. 다만, 제4호의 사채는 비상장은행(「자본시장과 금융투자업에 관한
법률」 제9조제15항제4호에 따른 주권비상장법인인 은행을 말한다. 이하 같다)만이 발행할 수 있다.

　　1. 「상법」에 따른 사채

　　2. 「자본시장과 금융투자업에 관한 법률」 제165조의11제1항에 따른 사채 중 해당 사채의 발행
　　　당시 객관적이고 합리적인 기준에 따라 미리 정하는 사유(이하 "예정사유"라 한다)가 발생하는 경우
　　　그 사채의 상환과 이자지급 의무가 감면된다는 조건이 붙은 사채(이하 "상각형 조건부자본증권"이라
　　　한다)

　　3. 「자본시장과 금융투자업에 관한 법률」 제165조의11제1항에 따른 사채 중 해당 사채의 발행
　　　당시 예정사유가 발생하는 경우 은행의 주식으로 전환된다는 조건이 붙은 사채(이하 "은행주식
　　　전환형 조건부자본증권"이라 한다)

　　4. 「상법」 제469조제2항, 제513조 및 제516조의2에 따른 사채와 다른 종류의 사채로서 해당
　　　사채의 발행 당시 예정사유가 발생하는 경우 비상장은행의 주식으로 전환됨과 동시에 그 전환된
　　　주식이 상장은행지주회사(해당 사채의 발행 당시 비상장은행의 발행주식 총수를 보유한 「자본시장과
　　　금융투자업에 관한 법률」 제9조제15항제3호에 따른 주권상장법인인 은행지주회사를 말한다. 이하 같다)의
　　　주식과 교환된다는 조건이 붙은 사채(이하 "은행지주회사주식 전환형 조건부자본증권"이라 한다)

　　5. 그 밖에 제1호부터 제4호까지의 사채에 준하는 사채로서 대통령령으로 정하는 사채

② 금융채의 발행조건 및 발행방법 등에 관하여 필요한 사항은 대통령령으로 정한다.

③ 금융위원회는 은행이 제33조의2 또는 제33조의3에 따른 이사회의 의결 또는 주주총회의 결의를 거치지 아니하고 금융채를 발행한 경우 그 은행에 대하여 6개월 이내의 기간을 정하여 금융채 발행의 금지를 명할 수 있다.

제33조의5(사채등의 등록)
① 사채, 그 밖에 등록에 적합한 것으로서 대통령령으로 정하는 권리(이하 이 조에서 "사채등"이라 한다)의 소유자·질권자, 그 밖의 이해관계자는 해당 사채등을 발행하는 은행(이하 이 조에서 "발행은행"이라 한다)에 각각 그 권리를 등록할 수 있다.
② 등록한 사채등에 대해서는 증권(證券)이나 증서(證書)를 발행하지 아니하며, 발행은행은 이미 증권이나 증서가 발행된 사채등을 등록하는 경우에는 그 증권이나 증서를 회수하여야 한다.
③ 사채등의 소유자는 언제든지 발행은행에 사채등의 등록을 말소하고 사채등이 표시된 증권이나 증서의 발행을 청구할 수 있다. 다만, 사채등의 발행 조건에서 증권이나 증서를 발행하지 아니하기로 정한 경우에는 그러하지 아니하다.
④ 등록한 사채등을 이전하거나 담보권의 목적으로 하거나 신탁재산으로 위탁한 경우에는 그 사실을 등록하지 아니하면 발행은행이나 그 밖의 제3자에게 대항하지 못한다.
⑤ 등록한 사채등을 법령에 따라 담보로서 공탁(供託)하거나 임치(任置)하는 경우에는 그 사실을 등록함으로써 담보를 갈음할 수 있다.
⑥ 제1항부터 제5항까지에서 규정한 사항 외에 사채등의 등록 및 말소의 방법과 절차, 등록부의 작성·비치 및 관리 등에 필요한 사항은 대통령령으로 정한다.

제6장 건전경영의 유지

제34조(건전경영의 지도)
① 은행은 은행업을 경영할 때 자기자본을 충실하게 하고 적정한 유동성을 유지하는 등 경영의 건전성을 확보하여야 한다.
② 은행은 경영의 건전성을 유지하기 위하여 다음 각 호의 사항에 관하여 대통령령으로 정하는 바에 따라 금융위원회가 정하는 경영지도기준을 지켜야 한다.
  1. 자본의 적정성에 관한 사항
  2. 자산의 건전성에 관한 사항
  3. 유동성에 관한 사항
  4. 그 밖에 경영의 건전성 확보를 위하여 필요한 사항
③ 제2항에 따라 금융위원회가 경영지도기준을 정할 때에는 국제결제은행이 권고하는 은행의 건전성 감독에 관한 원칙을 충분히 반영하여야 한다.
④ 금융위원회는 은행이 제2항에 따른 경영지도기준을 충족시키지 못하는 등 경영의 건전성을 크게 해칠 우려가 있거나 경영의 건전성을 유지하기 위하여 불가피하다고 인정될 때에는 자본금의 증액,

이익배당의 제한, 유동성이 높은 자산의 확보, 일정한 규모의 조건부자본증권(제33조제1항제2호부터 제4호까지의 사채를 말한다)의 발행·보유 등 경영개선을 위하여 필요한 조치를 요구할 수 있다.

제34조의2(불건전 영업행위의 금지)

① 은행은 다음 각 호의 어느 하나에 해당하는 행위를 해서는 아니 된다.

　1. 실제 자금을 수취하지 아니하였음에도 입금처리하는 행위 등 은행이용자에게 부당하게 편익을 제공하는 행위

　2. 제52조의3제1항에 따른 은행상품을 비정상적으로 취급하여 은행이용자의 조세포탈·회계분식·부당내부거래 등 부당한 거래를 지원하는 행위

　3. 은행업무, 부수업무 또는 겸영업무와 관련하여 은행이용자에게 정상적인 수준을 초과하여 재산상 이익을 제공하는 행위

　4. 그 밖에 은행업무, 부수업무 또는 겸영업무와 관련하여 취득한 정보 등을 활용하여 은행의 건전한 운영 또는 신용질서를 해치는 행위

② 제1항 각 호에 따른 행위의 구체적인 유형 또는 기준은 대통령령으로 정한다.

제34조의3(금융사고의 예방)

① 은행은 다음 각 호의 사항을 포함한 금융사고 예방대책을 마련하여 내부통제기준에 반영하고 이를 준수하여야 한다.

　1. 지점(대리점, 국외현지법인 및 국외지점을 포함한다. 이하 제2호에서 같다)의 금융사고 관리에 관한 사항으로서 대통령령으로 정하는 사항

　2. 지점의 업무운영에 관한 자체적인 검사에 관한 사항으로서 대통령령으로 정하는 사항

　3. 은행이용자의 정보보호에 관한 사항으로서 대통령령으로 정하는 사항

　4. 전산사무, 현금수송사무 등 금융사고 가능성이 높은 사무에 관한 사항으로서 대통령령으로 정하는 사항

③ 은행은 은행의 경영에 중대한 영향을 미칠 수 있는 금융사고에 관한 사항으로서 대통령령으로 정하는 사항이 발생한 경우에는 대통령령으로 정하는 기간 이내에 그 내용을 금융위원회에 보고하고, 인터넷 홈페이지 등을 이용하여 공시하여야 한다.

제36조(정부대행기관에 대한 대출)

「한국은행법」에 따른 정부대행기관에 대한 은행의 대출은 그 원리금의 상환에 관하여 정부가 보증한 경우에만 할 수 있다.

제38조(금지업무)

은행은 다음 각 호의 어느 하나에 해당하는 업무를 하여서는 아니 된다.

　1. 다음 각 목의 증권에 대한 투자의 총 합계액이 은행의 자기자본의 100분의 100의 범위에서

대통령령으로 정하는 비율에 해당하는 금액을 초과하는 투자. 이 경우 금융위원회는 필요한 경우 같은 투자한도의 범위에서 다음 각 목의 증권에 대한 투자한도를 따로 정할 수 있다.

    가. 「자본시장과 금융투자업에 관한 법률」 제4조제3항에 따른 채무증권으로서 상환기간이 3년을 초과하는 것. 다만, 국채 및 한국은행 통화안정증권, 「금융산업의 구조개선에 관한 법률」 제11조제6항제2호에 따른 채권은 제외한다.

    나. 지분증권. 다만, 「금융산업의 구조개선에 관한 법률」 제11조제6항제1호에 따른 주식은 제외한다.

    다. 「자본시장과 금융투자업에 관한 법률」 제4조제7항에 따른 파생결합증권 중 대통령령으로 정하는 것

    라. 그 밖에 「자본시장과 금융투자업에 관한 법률」 제4조제2항 각 호의 증권 중 대통령령으로 정하는 증권

  2. 대통령령으로 정하는 업무용 부동산이 아닌 부동산(저당권 등 담보권의 실행으로 취득한 부동산은 제외한다)의 소유

  3. 자기자본의 100분의 100의 범위에서 대통령령으로 정하는 비율에 해당하는 금액을 초과하는 업무용 부동산의 소유

  4. 직접·간접을 불문하고 해당 은행의 주식을 담보로 하는 대출

  5. 직접·간접을 불문하고 해당 은행의 주식을 사게 하기 위한 대출

  6. 해당 은행의 임직원에 대한 대출(금융위원회가 정하는 소액대출은 제외한다)

제40조(이익준비금의 적립)

은행은 적립금이 자본금의 총액이 될 때까지 결산 순이익금을 배당할 때마다 그 순이익금의 100분의 10 이상을 적립하여야 한다.

제41조(재무제표의 공고 등)

① 은행은 그 결산일 후 3개월 이내에 금융위원회가 정하는 서식에 따라 결산일 현재의 대차대조표, 그 결산기(決算期)의 손익계산서 및 금융위원회가 정하는 연결재무제표(聯結財務諸表)를 공고하여야 한다. 다만, 부득이한 사유로 3개월 이내에 공고할 수 없는 서류에 대하여는 금융위원회의 승인을 받아 그 공고를 연기할 수 있다.

② 제1항에 따른 대차대조표, 손익계산서 및 연결재무제표에는 대표자 및 담당 책임자가 서명·날인하여야 한다.

③ 은행의 결산일은 12월 31일로 한다. 다만, 금융위원회는 결산일의 변경을 지시할 수 있으며, 은행은 금융위원회의 승인을 받아 결산일을 변경할 수 있다.

제42조(대차대조표 등의 제출)

① 은행은 매월 말일을 기준으로 한 대차대조표를 다음 달 말일까지 한국은행이 정하는 서식에 따라 작성하여 한국은행에 제출하여야 하며, 한국은행은 이를 한국은행 통계월보(統計月報)에 게재하여야

한다.

② 제1항에 따른 대차대조표에는 담당 책임자 또는 그 대리인이 서명·날인하여야 한다.

③ 은행은 법률에서 정하는 바에 따라 제1항에 따른 대차대조표 외에 한국은행의 업무 수행에 필요한 정기적 통계자료 또는 정보를 한국은행에 제공하여야 한다.

제43조(자료 공개의 거부)

은행은 「상법」 제466조제1항에 따른 회계장부와 서류의 열람 또는 등사의 청구가 있는 경우에도 은행이용자의 권익을 심하게 해칠 염려가 있을 때에는 그 청구를 거부할 수 있다.

제43조의2(업무보고서 등의 제출)

① 은행은 매월의 업무 내용을 기술한 보고서를 다음 달 말일까지 「금융위원회의 설치 등에 관한 법률」에 따라 설립된 금융감독원(이하 "금융감독원"이라 한다)의 원장(이하 "금융감독원장"이라 한다)이 정하는 서식에 따라 금융감독원장에게 제출하여야 한다.

② 제1항에 따른 보고서에는 대표자와 담당 책임자 또는 그 대리인이 서명·날인하여야 한다.

③ 은행은 금융감독원장이 감독 및 검사 업무를 수행하기 위하여 요구하는 자료를 제공하여야 한다.

제7장 감독 • 검사

제44조(은행의 감독)

금융감독원은 금융위원회의 규정과 지시에서 정하는 바에 따라 이 법, 그 밖의 관계 법률, 금융위원회의 규정·명령 및 지시에 대한 은행의 준수 여부를 감독하여야 한다.

제46조(예금지급불능 등에 대한 조치)

금융위원회는 은행의 파산 또는 예금지급불능의 우려 등 예금자의 이익을 크게 해칠 우려가 있다고 인정할 때에는 예금 수입(受入) 및 여신(與信)의 제한, 예금의 전부 또는 일부의 지급정지, 그 밖에 필요한 조치를 명할 수 있다.

제47조(정관변경 등의 보고)

은행이 다음 각 호의 어느 하나에 해당하는 경우에는 대통령령으로 정하는 바에 따라 그 사실을 금융위원회에 보고하여야 한다.

1. 정관을 변경한 때
2. 제10조제1항에 해당하지 아니하는 자본금의 감소를 한 때
3. 본점이 그 본점이 소재한 특별시·광역시·도·특별자치도(이하 "시·도"라 한다)에서 다른 시·도로 이전한 때
4. 제13조제2항에 해당하지 아니하는 국외현지법인 또는 국외지점을 신설한 때, 은행이

국외현지법인 또는 국외지점을 폐쇄한 때, 국외사무소 등을 신설·폐쇄한 때

5. 상호를 변경한 때

7. 자회사등에 출자를 한 때(기업구조조정 촉진을 위하여 금융위원회의 승인을 받은 경우는 제외한다)

8. 다른 회사 등의 지분증권의 100분의 20을 초과하는 지분증권을 담보로 하는 대출을 한 때

9. 외국은행이 지점 또는 대리점을 동일한 시·도로 이전하거나 사무소를 폐쇄한 때

10. 그 밖에 은행의 건전한 경영을 해치거나 예금자 등 은행이용자의 이익을 해칠 우려가 있는
행위로서 대통령령으로 정하는 행위를 한 때

제48조(검사)

① 금융감독원장은 은행의 업무와 재산 상황을 검사한다.

② 금융감독원장은 제1항에 따른 검사를 하면서 필요하다고 인정할 때에는 은행에 대하여 업무 또는
재산에 관한 보고, 자료의 제출, 관계자의 출석 및 의견의 진술을 요구할 수 있다.

③ 금융감독원장은 「주식회사 등의 외부감사에 관한 법률」에 따라 은행이 선임한 외부감사인에게 그
은행을 감사한 결과 알게 된 정보나 그 밖에 경영의 건전성에 관련되는 자료의 제출을 요구할 수 있다.

④ 제1항에 따라 검사를 하는 사람은 그 권한을 표시하는 증표를 지니고 이를 관계자에게 내보여야
한다.

제52조의2(불공정영업행위의 금지 등)

① 은행은 공정한 금융거래 질서를 해칠 우려가 있는 다음 각 호의 어느 하나에 해당하는 행위(이하
"불공정영업행위"라 한다)를 하여서는 아니 된다.

1. 여신거래와 관련하여 차주의 의사에 반하여 예금 가입 등을 강요하는 행위

2. 여신거래와 관련하여 차주 등에게 부당하게 담보를 요구하거나 보증을 요구하는 행위

3. 은행업무, 부수업무 또는 겸영업무와 관련하여 은행이용자에게 부당하게 편익을 요구하거나
제공받는 행위

4. 그 밖에 은행이 우월적 지위를 이용하여 은행이용자의 권익을 부당하게 침해하는 행위

② 은행은 예금자 등 은행이용자를 보호하고 금융분쟁의 발생을 방지하기 위하여 은행이용자에게
금융거래상 중요 정보를 제공하는 등 적절한 조치를 마련하여야 한다.

③ 제1항 및 제2항에 따른 구체적 내용은 대통령령으로 정한다.

④ 금융위원회는 제1항을 위반하는 행위가 있을 경우에는 해당 은행에 대하여 해당
불공정영업행위의 중지 등 시정조치를 명할 수 있다.

⑤ 금융위원회는 은행이용자의 보호 등이 필요하다고 인정하는 경우 제2항에 따른 조치에 대하여
시정 또는 보완을 명할 수 있다.

제52조의3(광고)

① 은행은 예금, 대출 등 은행이 취급하는 상품(이하 이 조에서 "은행상품"이라 한다)에 관하여 광고를

하는 경우 경우 그 은행의 명칭, 은행상품의 내용, 거래 조건 등이 포함되도록 하여야 한다.

② 은행은 은행상품과 관련하여 은행이용자의 합리적 의사결정을 위하여 이자율의 범위 및 산정방법, 이자의 지급 및 부과 시기, 부수적 혜택 및 비용을 명확히 표시하여 은행이용자가 오해하지 아니하도록 하여야 한다.

③ 은행이 은행상품에 관한 광고를 할 때 「표시·광고의 공정화에 관한 법률」 제4조제1항에 따른 표시·광고 사항이 있는 경우에는 같은 법에서 정하는 바에 따른다.

④ 제1항 및 제2항에 따른 거래조건의 구체적 내용, 광고의 방법·절차 등에 관하여 필요한 사항은 대통령령으로 정한다.

제52조의4(고객응대직원에 대한 보호 조치 의무)

① 은행은 이 법에 따른 업무를 운영할 때 고객을 직접 응대하는 직원을 고객의 폭언이나 성희롱, 폭행 등으로부터 보호하기 위하여 다음 각 호의 조치를 하여야 한다.

  1. 직원이 요청하는 경우 해당 고객으로부터의 분리 및 업무담당자 교체

  2. 직원에 대한 치료 및 상담 지원

  3. 고객을 직접 응대하는 직원을 위한 상시적 고충처리 기구 마련.다만, 「근로자참여 및 협력증진에 관한 법률」 제26조에 따라 고충처리위원을 두는 경우에는 고객을 직접 응대하는 직원을 위한 고충처리위원의 선임 또는 위촉

  4. 그 밖에 직원의 보호를 위하여 필요한 법적 조치 등 대통령령으로 정하는 조치

② 직원은 은행에 대하여 제1항 각 호의 조치를 요구할 수 있다.

③ 은행은 제2항에 따른 직원의 요구를 이유로 직원에게 불이익을 주어서는 아니 된다.

제53조(은행에 대한 제재)

① 금융위원회는 은행이 이 법 또는 이 법에 따른 규정·명령 또는 지시를 위반하여 은행의 건전한 경영을 해칠 우려가 있다고 인정되거나 「금융회사의 지배구조에 관한 법률」 별표 각 호의 어느 하나에 해당하는 경우(제2호에 해당하는 조치로 한정한다)에는 금융감독원장의 건의에 따라 다음 각 호의 어느 하나에 해당하는 조치를 하거나 금융감독원장으로 하여금 해당 위반행위의 중지 및 경고 등 적절한 조치를 하게 할 수 있다.

  1. 해당 위반행위에 대한 시정명령

  2. 6개월 이내의 영업의 일부정지

② 금융위원회는 은행이 다음 각 호의 어느 하나에 해당하면 그 은행에 대하여 6개월 이내의 기간을 정하여 영업의 전부정지를 명하거나 은행업의 인가를 취소할 수 있다.

  1. 거짓이나 그 밖의 부정한 방법으로 은행업의 인가를 받은 경우

  2. 인가 내용 또는 인가 조건을 위반한 경우

  3. 영업정지 기간에 그 영업을 한 경우

  4. 제1항제1호에 따른 시정명령을 이행하지 아니한 경우

5. 제1호부터 제4호까지의 경우 외의 경우로서 이 법 또는 이 법에 따른 명령이나 처분을 위반하여 예금자 또는 투자자의 이익을 크게 해칠 우려가 있는 경우

6. 「금융회사의 지배구조에 관한 법률」 별표 각 호의 어느 하나에 해당하는 경우(영업의 전부정지를 명하는 경우로 한정한다)

제54조(임직원에 대한 제재)

① 금융위원회는 은행의 임원이 이 법 또는 이 법에 따른 규정·명령 또는 지시를 고의로 위반하거나 은행의 건전한 운영을 크게 해치는 행위를 하는 경우에는 금융감독원장의 건의에 따라 해당 임원의 업무집행 정지를 명하거나 주주총회에 그 임원의 해임을 권고할 수 있으며, 금융감독원장으로 하여금 경고 등 적절한 조치를 하게 할 수 있다.

② 금융감독원장은 은행의 직원이 이 법 또는 이 법에 따른 규정·명령 또는 지시를 고의로 위반하거나 은행의 건전한 운영을 크게 해치는 행위를 하는 경우에는 면직·정직·감봉·견책 등 적절한 문책처분을 할 것을 해당 은행의 장에게 요구할 수 있다.

제54조의2(퇴임한 임원 등에 대한 조치 내용의 통보)

① 금융위원회(제54조제1항에 따라 조치를 하거나 같은 조 제2항에 따라 문책처분을 할 것을 요구할 수 있는 금융감독원장을 포함한다)는 은행의 퇴임한 임원 또는 퇴직한 직원이 재임 중이었거나 재직 중이었더라면 제54조제1항 또는 제2항에 해당하는 조치를 받았을 것으로 인정되는 경우에는 그 조치의 내용을 해당 은행의 장에게 통보할 수 있다.

② 제1항에 따른 통보를 받은 은행의 장은 이를 퇴임·퇴직한 해당 임직원에게 통보하고, 그 내용을 기록·유지하여야 한다.

제8장 합병 • 폐업 • 해산

제55조(합병·해산·폐업의 인가)

① 은행이 다음 각 호의 어느 하나에 해당하는 행위를 하려는 경우에는 대통령령으로 정하는 바에 따라 금융위원회의 인가를 받아야 한다.

  1. 분할 또는 합병(분할합병을 포함한다)

  2. 해산 또는 은행업의 폐업

  3. 영업의 전부 또는 대통령령으로 정하는 중요한 일부의 양도·양수

② 금융위원회가 제1항에 따른 인가를 하는 경우에는 제8조제4항 및 제5항을 준용한다.

제9장 외국은행의 국내지점

제58조(외국은행의 은행업 인가 등)

① 외국은행(외국 법령에 따라 설립되어 외국에서 은행업을 경영하는 자를 말한다. 이하 같다)이 대한민국에서 은행업을 경영하기 위하여 지점·대리점을 신설하거나 폐쇄하려는 경우에는 제8조제2항 및 제55조에도 불구하고 대통령령으로 정하는 바에 따라 금융위원회의 인가를 받아야 한다.

② 금융위원회가 제1항에 따른 인가를 하는 경우에는 제8조제4항 및 제5항을 준용한다.

③ 외국은행이 제1항에 따라 인가를 받은 지점 또는 대리점을 다른 시·도로 이전하거나 사무소를 신설하려는 경우에는 미리 금융위원회에 신고하여야 한다.

제59조(외국은행에 대한 법 적용)

① 제58조제1항에 따라 인가를 받은 외국은행의 지점 또는 대리점은 이 법에 따른 은행으로 보며, 외국은행의 국내 대표자는 이 법에 따른 은행의 임원으로 본다. 다만, 제4조, 제9조, 제15조, 제15조의3부터 제15조의5까지, 제16조, 제16조의2부터 제16조의5까지, 제48조의2 및 제53조의2는 적용하지 아니한다.

② 하나의 외국은행이 대한민국에 둘 이상의 지점 또는 대리점을 두는 경우 그 지점 또는 대리점 전부를 하나의 은행으로 본다.

제60조(인가취소 등)

① 금융위원회는 외국은행의 본점이 다음 각 호의 어느 하나에 해당하게 되면 그 외국은행의 지점 또는 대리점에 관한 제58조제1항에 따른 인가를 취소할 수 있다.

　1. 합병이나 영업의 양도로 인하여 소멸한 경우

　2. 위법행위, 불건전한 영업행위 등의 사유로 감독기관으로부터 징계를 받은 경우

　3. 휴업하거나 영업을 중지한 경우

② 외국은행의 지점·대리점 또는 사무소는 그 외국은행의 본점이 제1항 각 호의 어느 하나에 해당하게 되면 그 사유가 발생한 날부터 7일 이내에 그 사실을 금융위원회에 보고하여야 한다.

③ 외국은행의 본점이 해산 또는 파산하였거나 은행업을 폐업한 경우 또는 은행의 인가가 취소된 경우에는 그 외국은행의 지점 또는 대리점에 대한 제58조제1항에 따른 인가는 그 사유가 발생한 날에 취소된 것으로 본다. 다만, 금융위원회는 예금자 등 은행이용자의 이익을 보호할 필요가 있는 경우 취소된 날을 달리 정할 수 있다.

제62조(외국은행의 국내 자산)

① 외국은행의 지점 또는 대리점은 대통령령으로 정하는 바에 따라 자산의 전부 또는 일부를 대한민국 내에 보유하여야 한다.

② 외국은행의 지점 또는 대리점이 청산을 하거나 파산한 경우 그 자산, 자본금, 적립금, 그 밖의 잉여금은 대한민국 국민과 대한민국에 주소 또는 거소(居所)를 둔 외국인의 채무를 변제하는 데에 우선 충당되어야 한다.

행복한 직업 찾기
나의 직업 은행원

초판 1쇄 인쇄 2014년 3월 14일
개정판 1쇄 인쇄 2020년 5월 29일

개정판 2쇄 인쇄 2023년 10월 30일
개정판 2쇄 발행 2023년 11월 7일

글 | 꿈디자인LAB
펴 낸 곳 | 동천출판
사   진 | 국민은행, 신한은행, shutterstock,

등   록 | 2013년 4월 9일 제319-2013-25호
주   소 | 서울특별시 서초구 효령로 60길 15(서초동, 202호)
전화번호 | (02) 588 - 8485
팩   스 | (02) 583 - 8480
전자우편 | dongcheon35@naver.com

값 18,000원
ISBN   979-11-85488-81-3 (44370)
          979-11-85488-05-9 (세트)